古本愛好家の読書日録

TAKAHASHI Terutsugu

高橋輝次

論創社

古本愛好家の読書日録　目次

古本愛好家の読書日録

由起しげ子『本の話』他二篇を読む——円地文子の短篇とともに

　今年一月中旬だったか、まだ今のようなコロナ騒ぎもそれほど広まってない頃、大阪の古書会館で開かれた古本即売会の初日に神戸からはるばる出かけた。もっとも、到着したのは午後おそくだったので、急いで各店コーナーを見て回った。矢野書房の所でいつも幾つもの箱に入っている、古い小説や随筆、詩歌集などを順々にチェックしていたら、その中から由起しげ子の『本の話』（文藝春秋新社、昭和二十四年）が突然姿を現した。「おっ、これは！」。戦後復活した芥川賞の第一回受賞作だが、現在ではめったに古書目録や古本展でも見かけない珍しい本だ。

　実は私、昔、角川文庫で出ていた『警視総監の笑ひ・本の話』は手に入れ、「本の話」は一読したこともあるのだが、いつのまにか手離してしまい、殆んど憶えていない。その元本は今、初めて見たが、カバー装画は三雲祥之助の落葉を描いた水彩画（?）。見返し

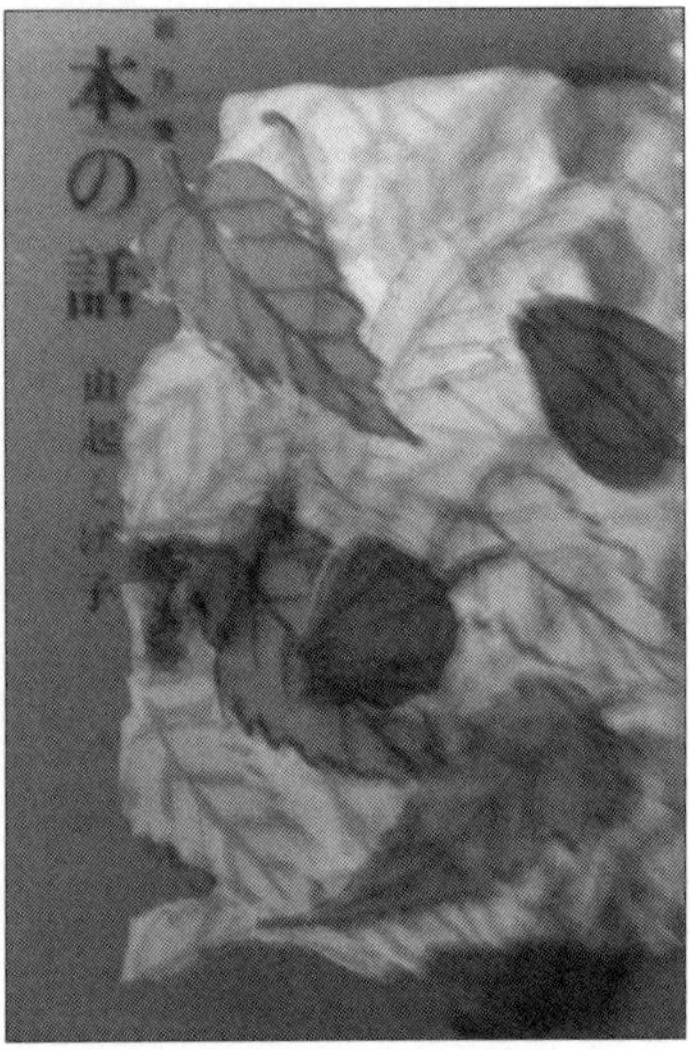

が和紙なのも珍しい。戦後間もない本としては本文用紙もいいし、印刷も見事だ。保存状態もいい。値段は私にとってはなかなか高価だが、それでも近代文学専門店の相場のおそらく四分の一位だろう。私は最後にレジへゆくまで散々迷ったが、やはり貴重な本なので思いきって買うことにした。他の目ざとい愛書家が買わなかったのが不思議な位である。まぁ、芥川賞本コレクターなら、とっくに入手しているのかもしれないが。

本書は三つの中篇、「警視総監の笑ひ」「脱走」「本の話」から成っている。しばらく例によって積ん読状態だったが、このうち「本の話」をある時、一気に読了した。これは由起しげ子の代表作の一つとして、いろんな文学全集にも収録されているので、読んでいる読者も多いかもしれないが、未読の若い古本好きの読者のために、簡単なあらすじをここに紹介してみよう（これはかなり入り組んだ話なので、途中、端折ったり省略したところもあるがお許し願いたい）。

本篇は、紹介によると、私小説的色彩の濃い小説のようである。冒頭は次の文章で始まる。

「私の義兄（筆者注・姉の夫）、白石淳之介はその年の二月一日、静かな晩、神戸市外のK病院の一室で五十八歳の生涯を閉じた。（中略）病名は喉頭結核であつたが、事実は栄養失調死であつた」と。〝私〟は東京で別居の末、戦後すぐに離婚して二人の子供を連れ、友人のアトリエを借りうけて困窮の生活を送っていたが、そこへ白石からの電報が届き、神戸の病院に駆けつける。友人の薬品会社の専務、武石公子に泣きつき、準備資金に一万円を貸してもらう。義兄は最後の床で、私にもっと早く来てほしかった、学問だけ出来ても何にもならん、などとつぶやき、亡くなる。白石は大学の教授だったが、妻（私の姉）の病気を治そうと少ない給料の身で栄養ある食料を買ったりと必死で手を尽し、そのあげく、教壇で倒れて妻と同じK療養所に収容されていたのだ。反して、姉は夫の献身的苦闘によって生き延びることに私は恐怖さえ感じる。しかし肉親というものの不思議さで、姉をどうしても見捨てることができないのだった。姉の療養生活を支えるには月に二万円必要で、そのための方途をいろいろ考えるが、うまくゆかない。彼女自身も童話の原稿を細々と書いて、つきあっている児童雑誌の若い編集者、棟方利一に、三篇載せてもらった位では苦しく、らちがあかない。そこでいよいよ、本人も姉も売るなと言っていた義兄の遺した蔵書を売る決心をする。上京中の義兄の教え子である大阪の実業家、河辺興次に相談すると、A新聞を紹介される。入院費のあと始末のため、上京してきた学生の広田とともに新聞社を訪ね、そこである大きなM古書店の主任を紹介する名刺をもらった。

義兄は「海上保険」の専門研究者で、その蔵書、全部で六十箱分は友人、公子の好意で彼女の会社の倉庫に預けられていた。

会社に来てくれたM古書店主任からは、専門書で偏っているので、古書市に出してみては、と勧められた。また他の口も探してみます、とも言われる。その日の午後から私は広田とともに蔵書の確認、整理にとりかかる。（取り出した本の）「一つ一つがていねいに新聞紙に包まれたその上に墨でケントとかテンプルマンとか著者の名や書名が書いてあつた。結ばれた紐をほどく時が一番つらかつた。義兄が結んだ時の手つきやその時の心もちまでが鮮によみがへり、私は何度か涙ぐんでしまつた」「その上、本は意外にフランスの本が多く、昔パリにゐた頃耳なれた地名や出版書肆の名が出て来るのも懐しかつた」と。――由起さんは画家、伊原宇三郎（註1）と結婚し、戦前、夫とともに渡仏し、三年間滞在している――。本はすべてが海上保険関係で、専攻する学者向けのものらしかった。五日もかかって、やっと二十箱分を片付けた。

（註1）伊原宇三郎（一八九四年―一九七六年）は、古典主義的な重厚で香気ただよう人物画を多く描いた。フランス留学後、ピカソへの深い傾倒を語った著作のある画家としても知られている。

そのうち、M古書店の主任が来て、ある保険会社の買い取りが有望になってきたので、本のリストを貸してほしいと言われる。その後も地下室にある蔵書の整理作業を続けていて、薄いフランスの日本商法の本二冊に、小西三郎著とあり、義兄に贈られたものを見つけた。彼女は編集者の利一氏に小西氏のことを調べてもらい、小西氏が義兄と交友のあった東北大学の教授だと分かった。それですぐ、会社の応接室の小卓で小西氏に七、八枚の手紙を書いて送る。これまでのいきさつを述べ、これらの本の本当の価値を小西氏に尋ねたのである。

やっと整理をすべて終え、M古書店へおもむくと、主任からいよいよ保険会社が買いそうだと告げられる。しかし、その値段はひどく安いように思われ、私はもっと最適当な場所に納めたい旨を述べた。小西氏からもすぐに電報が届き、「リストオクラレタシ」とあった。

それでM古書店の人とともに保険会社へタクシーでおもむき、専務取締役の人に面会する。私は、小西氏にリストを送って返事をもらうまでこの話を保留にしてほしいと申し述べた。彼は諒解したものの、小西氏の側の買取りの条件によってはご破算になるものと承知願いたい、とくり返し言われ、心を傷つけられた。私は、保険会社の莫大な財産と何の関わりあいもない一学究者の生涯を心に描き、憮然とした気持ちになるのだった。「義兄があの本を蒐めるために費した年月や、苦心は桁ちがひの財産の前では何ごとでもなかった」と。

私は帰宅して、小西氏に送るリストを急に写し直す気になり、夜明け近くまで作成を続ける。翌日、寝坊して約束していた河辺氏に会いそこね、氏が立ち寄りそうなA新聞社へ出かける。そこで、小西氏に送るリストに添える手紙を書いた。本という字を書くたびに涙があふれた。宿に帰って夜半に児童劇の原稿を書こうとするが、親友からもらった愛着のある美しいペンがなくなっていることに気づく。

その朝、一ヵ月ぶりで自宅に帰り、童話劇を書き上げるため、子供が学校へ出かけたあとの子供部屋に入る。長男の机の前の壁にかかっているのはボナールの絵であった。「やすらいや、のぞみや、智性や、愛情が、光粒子のやうに私のうへに降りかゝるのをかんじた」。その絵の詳細な描写のあと、由起さんは「その絵がそのうしろに持つてゐるフランスといふ国の豊醇で濃密な文化のすがたをありありと泛べてゐた」と書いている。

小説は私が気をとり直し、童話劇の結末をメモするところで終っている。義兄の蔵書を売る顛末がどうなったかは記されていない。

私は、特に親しかった義兄と姉のために、全く知識のない本たちすべてを点検、整理し、またその本当の価値を知ろうと日夜奮闘尽力する主人公の姿にある種の感銘を受けた。その時々の心の動きが克明に伝わってくる文章だ。

考えてみると、本をめぐる種々の小説は近年とくにミステリーに多く、各々興味深いが、この小説のように〝本を売る〟ことに焦点を当てた小説は珍しいのではなかろうか。もっとも、ドキュメントやエッセイとしては出久根達郎の『漱石を売る』――これは古本屋側の視点で仕入れた漱石の書簡を苦労して売ろうとする話――、岡崎武志の『蔵書の苦しみ』（光文社新書）や紀田順一郎の『蔵書一代』（松籟社）があり、後者の二冊は各々御自分のたまりにたまった蔵書を逡巡の末売り払った体験を生々しく描いており、身につまされる。私も昨年、神戸へ引越した際に、蔵書を迷いながら仕分けし古本屋やブックオフに大量に売ったため、大へん苦労した体験があるからだ。独りで毎日、少しずつ作業して、完了するまで三ヵ月位かかったろうか。売ってしまったため、いざ必要というとき再見できず、後悔している本も幾冊かある。

ここで由起しげ子の簡単な略歴も、ウィキペディアや『日本近代文学大事典』に拠って紹介しておこう。

明治三十五年、堺市に生れる。神戸女学院音楽学部に入学し、在学中、個人的に山田耕筰に作曲を学ぶ（その頃、山田耕筰はたしか関西学院大で教えていた）。大正十四年、画家、伊原宇三郎と結婚。翌年、夫妻でフランスに渡って三年間滞在。高名なピアニストに入門しピアノを学ぶ。帰国後、離婚し、子供四人を抱え、ピアノの道は断念。童話を書いて文学の道へ転身する。

昭和二十四年、「本の話」を『作品』に発表し、これがデビュー作となった。著書は多数あるが、中でも「女中っ子」が大ヒットし、映画化もされた。『厄介な女』『コクリコ夫人』『ヒマワリさん』『沢夫人の貞節』（小説新潮賞）『やさしい良人』などがある。こうして見ると、タイトルづけも巧みな作家だと思う。私は残念ながら殆ど読んだことがない。

昭和四十四年に亡くなった。由起さんが大阪、神戸で若い頃を過ごしたことも今回、初めて知り身近に感じた。
読了後、しばらくして、たまたま「街の草」をのぞいた際、宮崎修二朗『ひょうご文学歳時記』(昭和五十四年)があったので、一寸中身を見ていたら、この『本の話』も一項目取り上げられていた。それによると、義兄のモデルは関学大教授だった馬淵得三郎氏で、K病院というのは西宮の上ヶ原(関学大がある所)にあるクリストロア病院のこと、と明記されていた。宮崎翁、やはり恐るべき博捜力の持ち主だと感嘆したものである。

(二〇二〇年三月二十日)

〔付記〕
以上を書き終えて一ヵ月程たって、私はふと想い出した(いよいよボケました……)。私の旧著『関西古本探検』(右文書院、絶版)所収の「古本を売りに行く女性作家・三態」で、林芙美子、真杉静江、そして武田百合子各々の、古本を売りに行って店主と交した会話を伴う苦い経験を記した小説やエッセイを紹介していることを。つまり、このテーマは私とすでに縁があったのである。

〔追記1〕

よい機会なので、私は『本の話』収録のもう一篇、「脱走」も読んでみることにした(タイトルにも魅かれたので)。これも自伝的要素の大きい小説のようだ。

ごく大ざっぱなあらすじを紹介しよう。夫と別居中の私は時々、帰ってきて、夫と子供のいる、広いが風がひどく吹きこむあばら家で炊事などやっている。すぐ風邪を引きそうになるので、お手伝いさんを雇おうと思っていたら、友達で哲学を専攻していて、仲間と敗戦後の不幸な子供らを援助し更生させる活動もしている女性が、大連の高商を出て軍隊に入り、炊事を担当していた、教養もあるという青年を紹介してくれる。彼女を信頼し、面会の上、雇い入れ、二、三日は誠実に(?)働いていたが、次の日、子供からの知らせで、青年がお金や服などごっそり盗んで脱走したことを知る。驚いて、気が滅入りつつ、夫に謝りに帰るのだが、それまでにも夫婦関係は冷えこんでおり、今回の自分と友人のせいで引き起こした事件は火に油を注ぐことになり、いっそう夫の怒りを買ったのだった。夫が警察で調べてもらったところ、青年は当時問題になっていた上野公園の浮浪児の一人で、警察から釈放されたばかりだったという。由起さんは自分たち夫婦関係のあり方をふり返り、こう書いている。

「いつの頃からか私は自分の気もちを彼の前に披瀝することに絶望し、彼もまた私の卑屈な服従の底に真の協調がないことを感じとり、表面の威厳が増せば増す程、いらだち憤り、そのことによつて更に高度の弾圧を私の上に加へ協調を得ようとしたのだつた」と。これは、とくに私共の親以上の世代の夫婦によく見られる典型的な夫婦関係のパターン（支配―服従）であり、現在でも若い世代でドメスティック・バイオレンスを起こす夫やその予備軍にあてはまる関係であり、適確にその関係を表現した文章だと思う。このような関係は例えば西村賢太の〝秋恵〟もののシリーズにも詳細にくり返し描かれている（私は西村氏の小説には古本や古本屋の話がよく出てくるので、割と読んでいるが、この関係の描写は率直にいって読むに耐えない）。由起さんは「この空しく悲惨な努力は私にとつては暗黒への行進であり大二郎にとつても云ひ難い苦闘そのものであつたにちがひない」と記している。私は離婚までに長い間、彼女も苦労されたのだなぁ、と感じ入った。

本篇には小説の本筋とはさほど関係しないが、別居宅に置いてあるピアノを定期的に見にくる、職人肌の調律師との話も出てくる。その折のピアノの各部分の描写も大へん詳細で、由起さんがピアノを長年学んでいた形跡が歴然としている。

（二〇二〇年三月二十二日）

〔追記2〕

コロナがますます深刻化する中、自宅近くのJR六甲道の喫茶店に休憩に入り、備えつけの週刊誌や新聞を例によって拾い読みしていたところ、神戸新聞の社会欄に載っている、前述の神戸の文芸評論家、宮崎修二朗氏の御逝去の報の記事が目に飛びこんできた。四月一日死去、九十八歳であった。ただ、「街の草」の加納氏によれば、神戸新聞以外の全国紙には死亡記事は全く載らなかったという。氏の「のじぎく文庫」創設など、数々の業績と多数の著作を想えば、その扱いは少々さびしい気がする。私は数年前、長年、宮崎氏に師事してきた、『コーヒーカップの耳』の詩人、今村欣史氏経営の西宮市の喫茶店、「輪」を初めて訪ねた折、たまたま宮崎翁も来ておられ、わずかに話を交したことがある。また、今村氏からの間接的情報ではあるが、宮崎翁が私の著作に熱心に目を通して下さり、チェックされ、〝よく調べている〟と意外にも評価して下さったと伺い（むろん誤りも多々あったと思うが）とてもうれしかったことを憶えている。さらに、私の編んだ『誤植文学アンソロジー』（論創社）にも、氏のエッセイを一篇、収録させていただいたというわずかなご縁もある。神戸の文芸史に関心をもつ私は、氏の遺された多数の著作からこれからもいろいろと学びたいと思う。私が今も大切に持っている『神戸文学史夜話』（天秤パブリックス、昭和三十九年）などとくに名著である。黒い地に白抜きのタイトルが印象的な新書判だ。心から御冥福をお祈りします。

私はその後、哀悼の意味をこめて、「街の草」さんで見つけた宮崎氏の『ひょうご文学歳時記』を買わせてもらった。何とも味のある墨書のサインも付いている。拾い読みしているが、博識に基づくうんちくを傾けた文章が満載で、楽しく読める。

（二〇二〇年四月二日）

〔追記3〕

四月に入って兵庫県内でもコロナの感染者がふえてきて、外出もビクビクしながらだが、所用があって三宮に出た際、せっかくだからとセンター街のブックオフに立ち寄った（危機意識が低いなぁ）。あちこち棚を眺めていたら、文学、小説のコーナーに七冊ズラッと並

んだシリーズ本がふと目に付いた。藤原書店刊行の〈戦後占領期短篇小説コレクション〉である。刊行時、出版社のPR誌などで新刊案内は見た覚えがあり、好企画の珍しいシリーズだな、と思ったものだが、実物はまだ見ていなかった。一九四五年から五二年まで、各年ごとに発表された短、中篇を選び、編年体で編集されている。編集委員は紅野謙介、川崎賢子、寺田博（元河出書房の文芸編集者）で、各巻の解説は小沢信男、黒井千次、高村薫など小説家や批評家が担当している。装幀は当時の世相を写した公私の生々しいセピア色の写真を多数配置したもの。

　私はどんな作品が収録されているのかと、各巻ごとにざっと中身をのぞいていった。その6巻、一九五一年の巻の目次を見ると、吉屋信子「鬼火」の次に、由起しげ子「告別」が出ている。その頁をチラッと眺めてみると、これも自伝的な小説らしい。他には長谷川四郎「馬の微笑」、安岡章太郎「ガラスの靴」、安部公房「闖入者」、柴田錬三郎「イエスの裔」、高見順「インテリゲンチア」など八篇が収録されている（解説は井口時男）。私は迷った末、その6巻だけ、定価より千円位安かったので、買って帰った。（全巻まとめて購入したい人には申し訳ないことをした……、すいません。）

帰宅して早速由起さんの「告別」を読み始め、三十四頁ほどの作品を二日程で読了した。今回はごく簡単に紹介しておこう。

父の危篤の報を聞いた私は、昭和二十年一月八日の朝早く、東京駅から東海道線に乗りこみ、福岡へ向かうが、途中、空襲の危険や事故などで何度も列車は止ったり、不通になりながら乗り継いで進む。名古屋で応召になる親切な青年にも助けられながら、ようやく深夜の一時に博多駅に到着する。夜明けに近い四時まで待合室で持ってきたヒーバース（筆者注・どんなものか不明）を燃やしながら、人々とともに待ち、そこから人力車の一種に乗せてもらい、やっと福岡の父の家にたどり着いた。

父は今、八十六歳で、亡兄、姉、私の三人の子供がある。再婚し、その妻と娘夫婦は奈良県に疎開し、後妻との間に生れた知恵おくれの孫と二人で郷里の福岡に孤独に住んでいた。万延元年の生れで、福岡の政治結社の出身――紅野氏によれば、おそらく頭山満らのそれ――。実業界に入ったが、金もうけは下手で、その代り多くの友情に恵まれたという。昔の同志が見舞いに来た折、父は「もしも日本が負けるようなことがあったら天子様は――」ともつれたような言葉をもらした。私は姉と二人で父のために羽根ぶとんを買いに行くが、探してもどこの店にも置いてなかった。父は食事も殆んどとられず、日ましに衰弱していった。「私は父をたのしい気もちにさせたいと思いどんなことをしてあげたらよいのかと考えた」。それで、父の唯一の娯しみであった室生流の謡曲を父の手をとってうたった。父の口辺に微笑が浮び、私と姉は涙ぐむ。最後は、かかりつけの親切な医師付きの看護婦が先に来て、脈を見、カンフルを打とうとするが、「姉も私も、父があまりしずしずと大航海のあとで船が港に戻ってゆくように、あの世に旅だってゆくのを見ていると、もうここまで来たいま、どんな人の力を加えてもそんなことは蛇足だという気がした」と、カンフルを打つのを辞退する。

この作品は、紅野謙介氏や井口時男氏も書いているように、「「私」は亡びゆく帝国の運命と老父の死を重ねて看取ろうとしているかのようである」と要約できよう。前半の東京から福岡への苦難に満ちた旅の描写は、敗戦が半年後に迫った日本の鉄道事情の体験的証言となっている。一ヵ所だけ引用しておこう。

「四月の名古屋行は想像したように物凄い混み方だった。（中略）私はごみっぽい蒸れた空気を呼吸しながら、誰かの背中の服地の一ところを見つめる姿勢のままで運ばれて行った」と。

私はこうして、由起さんの著作のごく一部にすぎないけれど、初期の三つの自伝的作品を読んだ。中でも「本の話」と「告別」から共通して言えるのは、由起さんは親しい他者、特に身内の大切な人の死を看取る際には、自分の身を犠牲にしてでも、必死に熟慮し、尽し、行動するタイプの女性だったということである。いや、先にからだの方が動いてしまうのかもしれない。死は万人の運命で致し方ないけれども、せめて死にゆく人を親身に看取ってくれる、心優しい人が身近に存在する人はある意味で幸いではないかと思う。（ただ、コロナの死の場合は、残酷で、看取りもかなわない！）

なお、本書収録の他の作品も、今後順々に読んでゆきたいものである。

（二〇二〇年四月十日）

〔追記4〕

前述のように、せっかく『戦後占領期〜』を入手したのだから、他の作品も読まねば、と思い、しばらくして円地文子の短篇、「光明皇后の絵」をまず読むことにした。私は美術好きなので、このタイトルに魅かれたせいもある。お恥ずかしいことに、女性作家の大御所ともいうべき円地さんの小説も今まで読んだことがなかった。ただ、『タイトル読本』に彼女のエッセイを収録させてもらったという、かすかなご縁がある。

読み出すやいなや、その濃厚、芳醇な物語世界にぐんぐん引きこまれ、あっという間に読了してしまった。ごく簡単にあらすじを紹介しよう。

祖父が明治の浮世絵師、父も美術史専攻の学者（?）の家に生まれた、容貌が瓜二つ――狆《ちん》に似たおどけた顔、要するに器量がわるい――の姉と妹の各々の生き方を簡潔に描いてゆく。姉は現実主義者で、骨董商に嫁入りし、自身も骨董商としての鑑定のコツを習得して夫以上に店を繁盛させる。一方、妹は幼いときから、絵や文学が好きで、美しい幻想《イメージ》の世界を追い求める性質で、二人は葛藤し、対立、憎悪さえ抱く関係である。妹は男に裏切られた末の自殺未遂事件をきっかけに、本格的に絵描きの道に進む。その、古典を題材にした美人画は官能的で、妖艶な淋しさを漂わせ、評価を高める。とくに三十七歳の時に描いた「光明皇后」は彼女が「求めて得られぬ愛の渇きの浄化された姿」を表現した秀作であった。

その絵を姉が突然、譲ってほしいと申し出、妹はそれに応じる。戦争中もその絵の行方が気になって、姉に尋ねるが、返事が来ない。やはり姉の商取引に使われたのかと口惜しがった。富豪の手に渡り、戦争中の空襲で焼失したとも聞いていた。ところが、京都在の姉の死後、出向いた葬儀の翌日、その絵は蔵の二階で発見されるのだ。その絵を見て、妹は鋭い叫び声をあげる……。その結末は読んでのお楽しみにしておこう。

この短篇は緊密に構成された一コの完成された物語宇宙であり、見事としか言いようがない。簡潔で、終始ひきしまった文体で描かれている。それに、女性の隠された官能性の描写にも引き込まれる。最後の、どんでん返し的な結末にもあっと驚かされる。

私は正直に言って、円地文子は由起しげ子の、とくに初期の小説に比べると、小説創作の技量が数段上だな、と感嘆した。円地文子恐るべし、という感がする。念のため『日本近代文学大事典』で当ってみたが、この小説には触れられていない。本書の編集委員の方々がこのような傑作を選び、収録して下さったことに感謝したい。円地文子の小説も遅ればせだが、これから徐々に読んでいきたいな、と目を開かせられた読書体験であった。

（二〇二〇年四月十五日）

南天堂喫茶部が出てくる小説を読む――神戸雄一『番人』より

畏友、林哲夫氏より待望の新刊、ちくま文庫版の『喫茶店の時代』を贈っていただいた（感謝！）。元本の編集工房ノア版を相当増補したものである。私も、京都、進々堂の項で、その東隣りにあった出版社、ウス卄書房の主人のことを書いた詩人、吉村英夫の「臼井喜之介の思い出」を提供しており、それが今回、採り入れられているのを見て、うれしく思った。

ただ、これは文庫本という本文スペースの関係上、仕方ないのだが、元本の、本文下欄に（注）や図版がある組み方の方が読者にはより見やすいように思う。それと目次も元本のように喫茶店の項目ごとに頁数を付けてほしかった。林氏も「はじめに」に書いているように、これは喫茶店をテーマにした一つのコレクションなので、項目ごとに事典としても読む読者が（私もそうだが）いるだろうからである。まあ、そんな些細な要望は別にして、文庫になれば、全国の大書店に半永久的に並ぶのだから、著者にとっても読者にも有難いことだと思う。

私も折々に、あちこち、例えば、大阪の、私とも縁のある「ルルと創元」、「パウリスタ」など拾い読みしているが、「南天堂」も再読した。南天堂については、すでに寺島珠雄の大部の遺作本『南天堂』が出ており、私も遅ればせに昨年、古本展で汚れた本を手に入れ、時々拾い読みしている。寺島氏も林氏もその驚くべき資料の博捜ぶりには脱帽するばかりだ。

私は読みながら、ふと一冊の所蔵本を想い出した。数年前になるが、天神さんの古本祭りの折、どの店かは忘れたが、均一本(三百円)を漁っていて、神戸《かんべ》雄一の小説集『番人』(図書研究社、昭和十八年)がふと目に止った。装幀や扉絵がすぐに棟方志功と分ったし、著者名にもかすかに見覚えがある。それで、目次をのぞいてみると、短篇

が八篇並んでおり、その中の一篇に「本」という題名のもあった。これは面白そうだ、と思い、すぐその日の収穫の一冊に加えたのである。ただ、読んでいるうちに背が割れてしまったという代物である。

その後、しばらく積ん読状態だったが、ある時、思いたってまず「本」を読んでみた。これはどうやら著者の少年時代の自伝的小説のようで、故郷の地方の小さな村が舞台になっている。簡単にあらすじを紹介しておこう。

「努力屋」という変な名前の呉服屋の息子、市郎は時々都会にいる伯父から本を送ってもらっているが、村には本屋もなく、一冊の講談本をもっている者とてない。ただ、主人公の淳だけは何か持っていたのか、取り巻きの少年たちに時々物語を語って人気を集めている。しかし、その種も尽きたので、市郎に持っている本を貸してくれんかと頼みこむが、すげなく断られてしまう。そこで、彼らはあの店の品物は悪いと、親に言いふらしたり、店に砂つぶを投げこんだりといやがらせをやり、客が来ないようにしてしまう。ある時、郵便配達夫の太吉がまた市郎に送られてきたハトロン紙に包んだ本を運んできたのを目撃し、包みをはがして中身を見てしまう。それは『世界怪奇物語集』というものだった。淳はその行動が罪になると分ってがく然とするが、とりまきの少年たちはなおも走って逃げてゆく……といった話である。

本が書店や図書館、家の書棚にもあふれかえっている現代と違って、おそらく大正の頃の地方の村では本を持っていること自体が貴重で、それゆえに少年たちの本や物語への渇望、あこがれがかくも強烈なものなのか、ということを如実に知らされる小説だと思う。他の短篇もチラチラ目を通しただけだが、同じ村を舞台にした少年時代の物語のようである（後に、これは宮崎の村だと分った）。

私が次に何げなく読みだしたのが、最後に収録されている「蜘蛛の族」であった。これだけは、東京を舞台に様々な文学者が出てくる興味津々の物語である。簡単にあらすじを書いておこう。出だしはこうである。

「岸が谷と顔を合はせるのはこれが二度目なのだ。／彼はその頃、田端のある若いサラリーマンの二階に寄寓してゐた。

最初、岸が同郷出身の婦人記者辻イツ子に誘はれて彼を訪門したとき、彼は無遠慮にも布団の中から眠さうな顔で岸たちを迎へたのである。彼は初対面の岸に対して別に起きあがらうともせず、頬杖を突いた顔を岸たちの方へねぢ向けたきりである」と。

同行の辻イツ子は全面的に谷に傾倒しており、岸もまたこの作家の作品が好きで期待をかけていた。イツ子は谷を天才だと言う。しかし生活ぶりはだらしなく、不潔で、終日布団の中で暮している。岸は見かねて谷を自分の下宿に泊めることにした。それ以来、谷は毎日机にこびりついて原稿を書いているので、邪魔をせぬよう岸は家を飛び出して幾時間も歩き廻って帰ってきた。

「夜になると白山通り（傍点筆者・以下同）の商店街は急に甦つて来る。／多彩なカフェー、喫茶店のネオンサインにつれて中からはげしい管弦楽が聞えだす」。このような夜の流れに住む群衆を抜け、新鮮な書籍店の中に姿を消す人々がいる。以下、少し長くなるが引用しよう。

「『ミモウサ』はこの街では所謂カフェーの大御所である。そしてこのカフェーは山手の唯一の文学カフェーと言はれるほどであつて、有名な文士の山川龍之介、その頃の新興文学を牛耳つてゐた、何某、ダダイストと称する奇行者の杉天南等々、雑種多面の人々が集つて来るので有名である。」とある。

実際に南天堂は白山通りにあったし、一階が南天堂書房だった。その客筋の描写によっても、この『ミモウサ』が南天堂喫茶部をモデルとしていることがすぐに分る。その周辺にもにぎやかなカフェーが並んでいたことも……。

ちなみに直観的な想像だが、登場する作家、谷はおそらく太宰治がモデル（?）で、岸は太宰とつきあいのあった著者の神戸氏か、檀一雄あたりを想わせる。ただ、山川龍之介は明らかに芥川を想わせるが、寺島氏や林氏の本には芥川が南天堂に出入りしていたという証言はない。芥川は青木堂や風月堂には姿を見せていたという。むろん、文献に表れないからといって、芥川が南天堂に一度も行ったことがない、とも言えないのだが。

谷を岸が引っぱって『ミモウサ』に連れてゆく（谷を太宰と想定すると、文献上は太宰が南天堂に現れたという証言もないようだ。）。そこには美貌で感激家の四元がいた。しかも四元は以前、高名なある新劇指導者S氏の愛人だった愛くるしい富上悠子を連れてきている（S氏は明らかに島村抱月だろう）。四元が「月夜の晩に　をどれぬ人は　地獄の鬼めが　杵で突く……」と唱い出すと、他の客や谷も合して唄いだし、しだいに騒乱を楽しみ出した。それを一緒に来た悠子や「ミモウサ」主人が危惧しているとき、新興作家の上島とダダイストの杉が仲よくひょっこり入って来た。

「杉は博学でユーモリストで、いつも世に容れられぬといふ風な天才的なところがあり、その渋味に徹し苦渋に似た人世感は一脈の詩風を伴って若い文学青年をよろこばせてゐた。そのうへ彼の奇行と剽逸は一層彼を有名にしたばかりでなく、（後略）」とあり、これは明らかに辻潤のことだろう。新興作家の上島は労働者から叩き上げた、堂々とした体躯の持主とあるので、『抗夫』や自伝『遍歴』などで知られる宮嶋資夫かと思われるが、確証はない。また、四元のモデルもよく分らないが、ひょっとして林芙美子と一時同棲していた新劇俳優、田辺若男あたりかもしれない。美貌で唄もうたうシーンがあるからだ。田辺若男は、寺島氏の本にも何度も出てくる。

関西学院大英文科出身で、竹中郁、坂本遼などと同級であり、若き日東京へ出て演劇関係で活躍した青山順三が出した『築地の新劇・浅草の歌劇の人びと』（グロリア出版）によれば、田辺は島村抱月、松井須磨子の「芸術座」の座員で詩人でもあったが、「芸術座」解散後、新劇団「市民座」をつくった。その劇団に参加したのが当時、まだ学生だった詩人、神戸雄一で、田辺、神戸、そして林芙美子も南天堂に出入りしていた仲間だったことが書かれているからだ。富上悠子のモデルは田辺の一時妻だった女優、山路千枝子かもし

れないが、確証はない。あるいは友谷静栄か？

なお、林哲夫氏も、林芙美子と仲良しの友人、友谷静栄が詩誌『二人』を四号まで出せたのは神戸雄一の援助による、と書いているが、青山氏は前述の本でこう記している。「二人の若い女に『二人』が出せたのには、裏話がある。市民座の田辺若男をまっ先に助けた詩人神戸雄一は、九州宮崎の資産家の息子でまだ学生だったが、秘かに友谷静栄に恋していた。何しろおっかない岡本潤についている彼女に、うかつに手出しができない。さりげなく彼女たちの雑誌資金の援助を申し出たため、雑誌が数回出せたのである」と（なお、友谷静栄は美貌の人で、一時、岡本潤、そして小野十三郎とも同棲していた。私は以前、友谷が晩年に出したエッセイ集を持っていたことがある（『こころの押花』だったか？）が引越しの折、処分してしまい、悔んでいる）。

さて、物語に戻ると、何かに昂奮して怒鳴りだした新興作家の上島を四元は最初から気に入らず、真正面から強烈な揶揄を飛ばす。二人は激しく応酬し合い、あわやぶん殴りそうになるのを杉が止めに入る。しかし上島は杉の腕を払いのけ、杉は卓ごと転がってしまう。上島は「大体、貴様は衒学的だから虫が好かん。いつも西洋の本を脇下に挟んぢょるぢゃないかっ」と怒鳴る……。

そこへ、入ってきて卓を囲んでいた純芸術派風の三人の紳士達もこの騒ぎに恐れをなして、立ち上がり入口の階段へ走りだした（カフェーが二階だというのがこれではっきり分る）。喫茶部の主人も顔を出し、「いけません。いけません」と止めに入るが、「洒落たタキシードを着た彼の動作は軽い西洋の喜劇を見るやうで、おそろしく野蛮なこの場の光景に不似合ひなものだつた」と。南天堂店主、松岡虎王麿の姿の描写であろう。

夜中の一時近くになり、客も消え去り、四元たちと谷、岸ら四、五人が取り残された。眠っていた四元が目を覚まし、遠くの線路の上に帰ってゆく上島の姿を見るやいなや、窓から飛び下りたのだ。そして取っ組みあってぐんなりさせた相手を見れば上島ではなく、「新興文学理論の指導者の第一人者として自他共に許している南条眞介」であった（このモデルは誰なのか、今のところ不勉強で見当がつかない）。

四元は悠子と帰る途中、二人の刑事に連行されてしまう。四元は悠子と同棲中もすぐ暴力をふるったというから、岡本潤がモデルかもしれない。寺島氏の岡本潤自伝『詩人の運命』からの引用によると、その店で宮嶋資夫と「うるさいッ」と怒鳴りあったシーンが出てくる。宮嶋は「山犬」と呼ばれていてケンカッぱやいと書かれている。この辺から、私の登場人物たちのモデル探しもわけが分らなくなってきた。谷はやけになった悠子に誘われ、深夜彼女のアパートを訪れる。谷は唐突に「僕を養ってくれる気はないかね」と言い出し、悠子に「お気の毒さま。馬鹿にしてるわね、あんた。失礼じゃないの」と言われる。谷はなおも悠子に腕づくで迫るが、悠子に指を一杯ねじあげられ、すごすごと追い出されるのだ。谷のこういう女性への甘えた態度は、太宰のそれを連想させられるが、どうなのか。

場面は変って、谷はまた鉢巻きしながら原稿書きに唸り続けているので、岸は一週間放浪の旅に出、戻ってみると原稿が出来上がっていた。岸はそれを読み、「恐らくそれは大衆小説愛読者や恋愛好きの婦人たちの家庭へ迎え入れられる可き性質のものでは全然ない。極く少数の人々によって味読せられ理解さるべき性質のものなのだ」「然し、おお素晴らしい作品だ」と思う。岸はその作品「天晴」を清書してやる。

谷はまずK氏の紹介で、ある出版社へ出かけ出版の交渉をするが、すげなく断られてしまう。その後も手当りしだいに出版屋に飛び込んでは断られ、力なく帰ってくる。そのあまりの気の毒さに岸も彼について行くことになった。

そのうち、三崎町あたりの奥まった路地に「天人社」という出版屋の看板を見つけ、そこの主人と交渉する。谷の一通りの説明のあと、岸もこの作品が傑作であることを強調した。主人は「傑作かどうか、そんなことはわたしにゃ分りませんよ。第一私だって出版はつい始めたばかりですからな」と答え、出版の含みをもたせて原稿を置いてゆくように言う。翌日、二人が同社へ行くと、五拾円のお金と、出来上り二百冊の本を印税代りにもらうという条件で出版が決ったのだ。店主は「損得は問題外です。あんた達のために作ってあげるんです」と言うが、谷は「もう少し金が欲しい」と不満をもらしたので、岸は「馬鹿！」と叱りつけた。谷は自分の本が絶対に売れる、と思っているのだ。谷はもらった五拾円を二日間で飲みつぶすが、校正刷をみるため足繁く印刷屋に出かけていった。

このあたり、もし谷のモデルが太宰だとすれば、出版屋「天人社」は砂子屋書房で、店主は山崎剛平ということになる。浅見淵は砂子屋書房の出版プランを一任されていたが、ある日東大生の友人、檀一雄が自宅に駆けこんできて、ぜひ太宰の本を出してやってくれ、と懸命に頼んだ、と回想している。とすれば、岸は檀一雄かもしれない。『天晴』は『晩年』のことで、浅見や尾崎一雄、太宰の回想記によれば、初版は他の小説が五百部だったが『晩年』だけは一千部で、割に売れて五百部増刷したようだ。

本が出来上り、印税代りの二百冊が岸の下宿に届けられた日、谷は急に故郷の台湾に帰り、本を町の人々に売るのだと言い出す。その見送りに四元、悠子、辻イツ子、小野（小野十三郎か?)もやってくる。彼らは口々に「あの人も手のかかる人だつたわね」「厄介な男だつたよ」などと笑い合う。最後の文章はこう結ばれている。

「しかし、谷の倖が小さい一点となつて横丁へ消へると、一同はそれつきり、だまり込んでしまつた」と。

この結末を読み、私が今まで谷のモデルが太宰かと思っていた期待は全くはずれてしまった。帰る故郷が津軽でなく、真逆の南方向の台湾とは! これだと、同じ宮崎出身で、神戸雄一が同人誌『海豹』を編集した頃、交友のあった同郷の中村地平のイメージに近いではないか。たしか中村は、旧制高校時代、台湾で過し『台湾小説集』も出している人だ。太宰と中村地平は共に井伏鱒二の弟子で交友があったが、地平の太宰への生理的拒否反応から、しだいに仲たがいしていった関係である。地平は『旅さきにて』『戦死した兄』など多くの佳作を遺している。いろいろ考えてみると、この小説では登場人物に複数の実在した人物のイメージを重ねて造形している、とも受け取れる。モデルとして一貫しているのは辻潤であろう。まあ、文学史の知識がまことに乏しい私には、いろいろ想像したり調べたりしつつ読めた、楽しい読書体験であった。なお、本書は神戸雄一が初めて出した小説集である。

最後に、神戸雄一の略歴や仕事についても簡単に紹介しておこう。といっても神戸氏はかなりマイナーな文学者なので、その情報は乏しい。ただ、私は以前、大阪、福島にある小さな古本屋〝トランペット〟をのぞいた折、ふと棚に並んでいる本の中に大西雄二『薔薇の時代』（宮崎市、鉱脈社、二〇一一年）が目に止り、タイトルに魅かれて中身をのぞいてみると、自身も宮崎市出身で医師の大西氏が、昭和初期を中心に活躍した宮崎出身の文学者たち、中村地平、塩月赳――昭和十四年、評論集『薔薇の世紀』を赤塚書房から出している。これから書名が採られている――渡辺修三、そして神戸雄一らの交流や仕事が時代の流れとともに描かれているものだった。中村地平、神戸雄一、塩月赳は皆、太宰と親しい交友があったという。このうち殆んど知られていない塩月氏に力点が置かれている。本書によると、神戸氏は明治三十五年に宮崎で素封家の家に生れ、大正四年、志布志中学に入学、三年生のときに東京の順天中学校に転校。大正九年に東洋大学

に進学したが中退。大正十二年に、二十歳で処女詩集『空と木橋との秋』（抒情詩社）を上梓する。第二詩集『岬・一点の僕』（作品社）には序文に高村光太郎、跋文に金子光晴、それに林芙美子と一時期同棲した童話作家の野村吉哉も寄せているというから、かなり評価された詩集なのだろう。人脈も多彩だ。

昭和八年、『海豹』を編集。同人は神戸雄一、大鹿卓、木山捷平、今官一、塩月赳、新庄嘉章、太宰治、藤原治、古谷綱武。創刊号に太宰の処女作「魚服記」が載った。木山も処女作「出石」を発表し、いずれも好評を博した。第三詩集『新たなる日』を昭和十八年、図書研究社より刊行、同時に本小説集を出した。昭和十九年、招かれて日向日日新聞社に入社。文化部長、出版局長を務め、後進の文学者の育成に努めた。昭和二十九年、五十一歳で亡くなっている。

太宰の沈潜期、彼は神戸雄一への手紙で「私はあなたを尊敬さへしてゐる」という一節を記しているという。宮崎の文学同人誌、『龍舌蘭』三十七号は神戸雄一の追悼号であり、その中で井伏鱒二は「なつかしい人」を寄せている。その文末は「物静かなという点では神品に近い人であった」と結ばれているという。あきつ書店の目録によれば、戦前の雑誌に童話も寄稿しており、昭和二十四年、それらをまとめ『うさぎの手紙』（青雲社）を出した。また昭和十七年に『偉人小村寿太郎』も出している。さらに、昭和七年に出た『小説・エッセイ』（朝日書房）は神戸の編になっており、井伏、横光、田畑修一郎、小野松二らの作品を収録している。このように、神戸氏は現在ではマイナーな文学者であっても、戦前は当時の多くの著名作家、詩人と交流して活躍した人なのである。

なお、インターネットに載っている神戸雄一の略伝（これは意外だったが）の内、末弟、信一氏の話によれば、雄一は少年時代から冒険小説や探偵小説に熱中し、「同年輩の近所の子供たちを集めては、立川文庫の『豪傑譚』の一席を身ぶり手ぶりよろしく熱演してみせた」とあるので、私が読んだ前述の短篇「本」での淳をめぐる描写は、まさに神戸氏の少年時代の実体験だったわけである。

（二〇二〇年五月二日）

〔付記〕

その後、ネットで調べたところ、地元、宮崎の鉱脈社から一九九八年に『詩集鶴／小説集番人』が出ていることが分かった。興味のある読者は入手して読んでみられることをお勧めします。

埴谷雄高『酒と戦後派』をめぐって——菊池信義を追った映画とともに

私は最近、別稿で元河出書房の編集者、田邊園子さんが書いたすぐれた評伝、『伝説の編集者　坂本一亀とその時代』を通読し、その中でも戦後派作家たちの著作のタイトルをめぐる裏話を中心に紹介してみた。とはいえ、私は本書であげられている戦後派作家の名作小説を恥ずかしながらわずかしか読んではいない。読んだのは、船山馨の戦後すぐに書かれた短篇集や梅崎春生の小説数冊、中村真一郎のエッセイ集ぐらいである。全体に何か暗く、重たく、哲学的なイメージの小説に思われて、気質的に近づきにくかったこともある。それに、野間宏や大岡昇平、高橋和巳、井上光晴などの戦争や政治的季節を背景にした物語にも元々あまり関心がなかった（現在はそうでもないが）。だから本篇を書く資格は、本当はないのかもしれない。

戦後派の同人雑誌『近代文学』の中心的存在である埴谷雄高についても、その超難解と評される小説『死霊』には頭から拒否反応があって、読もうと思ったことはない。それでなくても、私は一寸筋がこみいった推理小説でも、途中でわけが分らなくなる方で、要するに論理的思考がとても苦手な性質《たち》なのだ。正直いって、二時間あまりの推理ドラマや映画でさえ、いまひとつ理解できなくなる場合がある位である（つまり頭がわるいのですね）。あ、若い頃、埴谷氏の映画随想集『闇の中の思想』（三一新書、一九六二年）だけは、がんばって読んだ記憶がかすかにある。

埴谷氏の人間像についても、今までよく知らず、その作品のイメージから、大へん堅い、とっつきにくい、近よりがたい人物のように想像していた。

そんな私が今年に入ってある時、古本屋でたまたま氏の文庫本で『酒と戦後派』（講談社文芸文庫、二〇一五年）を見つけ、買う気になったのはどうしてだったのか？（このタイトルにある〝酒〟も私はあまり飲まないのに……。面白くない人間なのです！）。たぶん目次頁を開いて、その広範囲にわたる、氏がつきあってきた文学者の人物評や思い出、追悼記などがずらっと並べられているのを見て、これは面白そうだ、と思ったからだろう。実際、巻末にある本書に登場する「人物紹介」には何と全部で八十三人もあげられているのだ。

そうして、すぐに読み始めてみると、どれもなかなか面白く、引き込まれて通読することになった。なるほど氏の文章は硬めで、哲学的な用語も多く使われているが、読んでみると、さほど難解でなく、すっと理解できるものだ。それに扱っている文学者たちの面白いエピソードもふんだんに出てくるので、興味をもって読める。

　埴谷氏の人間像についても、今まで抱いていたイメージとは異なり、様々なタイプ、性格の文学者と分けへだてなくつきあいのできる、柔軟で、さばけた、とっつきやすい人物だったことが分ってきた。戦後すぐの若い頃は、氏の自宅で、毎年舞踏会が開かれ、『近代文学』の同人や周辺の人々（竹内好や丸山真男も！）を招いて楽しくダンスに興じていたそうである。ある舞踏会のとき、石川淳も参加して踊らずに酒を飲み、誰かれとなく「馬鹿野郎！」と叫んで女性たちを恐怖におとし入れたエピソードも語っている。私など、機会があった大学生時代でもダンスなど一度もやったことがない、堅物であった（もともと運動神経がにぶいせいも大いにあるが）。

それに、より親しみ深く感じられるのは、氏が関西在や関西出身の若い世代の作家とも、比較的早くから交流していることである。例えば、『バイキング』同人たちとは割に早くから接触をもち、とりわけ高橋和巳とは大学院生の頃からだし、他の同人たちとも交流があったこと。例えば大阪のSF作家で「バイキング」同人だった福田紀一のデビュー作『失われた都』に埴谷氏は帯文を寄せている。大阪出身の小田実の仕事も早くから評価している。山田稔も、そのエッセイやトークショーの発言で、山田氏が若い頃、発表した小説をいち早く評価してくれたのは埴谷氏だったとして、感謝のことばを述べている。埴谷氏は、新しい、独創的な作品を評価するのに敏で、安部公房の初期作品(『壁』など)を最も早く評価して世に出す手助けをしている。

ここからは、本書の中で私が注目したところ、印象深い箇所を若干ながら簡単に紹介しておこう。

まず、私がずっと関心をもっている出版社、または同人誌の編集部の空間の描写である。戦後すぐ、梅崎春生が『近代文学』編集部(平野謙)から依頼されて書いた原稿「崖」のことで、編集室に現れたときの言及である。

「(前略)『近代文学』の編集室はお茶の水の文化学院の二階の一室にあって、本来はその部屋の隅に置かれた一つの机だけが『近代文学』に属している筈であったけれども、無償の貸主である善意にみちた全国科学技術聯合会の応接セットが、さながら、われわれの応接セットであるごとくに利用されていたのであった」と。伊達得夫の「ユリイカ」もそうだったが、戦後は雑居ビルの一室で、机一つで作業していた編集部がいろいろあったようである。

次に、本書全体を通して私が痛感したのは、埴谷氏がつくづく人間観察術の達人であったということである。それも各文学者の性格や行動パターンを氏独特の用語でズバリと型に分けて巧みに表現している。

ほんの一例だが、次に紹介しておこう。氏は武田泰淳と梅崎春生を「伏し目族」と名づける。そして「武田泰淳は一時間のうち五十九分五十九秒目を伏せていて、そして、最後の一秒だけ目をあけて眼前の相手を直視すると、その僅かな一瞥だけで、相手の本質を忽ち洞察してしまうのであった」、「武田泰淳が眼前の相手に真っ直ぐに向きあったまま目を伏せているのに対して、梅崎春生は、いってみれば、四十五度くらい自分の軀を斜めに向けた姿勢で相手に対していて、僅かに目を伏せている」。そうして梅崎氏の場合は「存在と非在のぼんやりした境で人間のもつかぼそい輪郭を眺めているのであった」と述べる

（実際はもっと詳しく表現しているのだが省略）。そして二人とも、「絶えず伏し目をつづけているのは、（中略）自分が生きていること、この世に存在していること自体がはずかしくてたまらないのである」と結論づけている。埴谷氏ならではの深い洞察だと感嘆するばかりである。さらに次の世代の「伏し目族」代表として吉本隆明と高橋和巳をあげ、二人に共通するのは〝静かで清潔な微笑〟だという。高橋和巳の場合、八十パーセントくらいの伏し目で「眼前にある事物の配置も属性も殆んど眺めていないように見える」と。何という、細かい観察であろうか。

また、長文の表題エッセイ「酒と戦後派」で、酔いの経過についても、武田泰淳を「敏捷型」、野間宏と堀田善衛を「緩慢型」と名づけて具体的な飲酒行動を描写したりしている。さらに井上光晴と丸谷才一と開高健の三人を「日本三大音」（大声の持ち主）と呼んでいるのも愉快だ。

最後に本書で一番楽しく読んだ長文の追悼エッセイ「武田百合子さんのこと」にも一寸ふれておこう。正直に言うと、私は世評の高い百合子さんの著作のうち『日日雑記』を拾い読みしたぐらいである。しかし、様々な文学者が彼女の人間性の魅力について書いているので、以前からずっと気になっているエッセイストの方だ。

好著、林哲夫『喫茶店の時代』（編集工房ノア、二〇〇二年。ちくま文庫で増補版が出た）によれば、昭和十一年に昭森社を起こし、愛書家向けの凝った造本で数々の名著を出版、戦後も昭和二十七年まで詩集などの出版活動をしていた森谷均が戦後二十二年に神田神保町の事務所一階に開いたのが喫茶店「らんぼお」であった（二年位で閉店）。その二階で一時、『近代文学』の編集会議も開かれた。この「らんぼお」は多くの文学者たちの溜り場であった。そこにウェイトレスとして働いていたのが若き日の百合子さん（旧姓、鈴木）で、埴谷氏は早くから見知っていたという。「髪を長く垂れた」評判の美少女であった。彼女は「らんぼお」の二階で寝泊まりするようになったが、そこで出会った武田泰淳と恋愛関係に陥り、長女、武田花さん（後に人気写真家となる）を出生するとともに結婚したのである。武田泰淳に言わせると、彼女は端的に言ってまず「面白い存在」で、「純粋無垢性」をそなえていたという。埴谷氏も自宅で「舞踏会」を開いていた頃から二人がよく踊っていたのを知っており、他の店では埴谷氏も彼女と仲よく踊っていたそうだ。

いろいろなエピソードも書かれているが、中でも夫妻の住む富士山荘へ彼女の運転する車で向かう途中、あとになり先になり走っていたトラックが信号待ちになって並行に並んだとき、数段高い窓から運転手が卑猥な言葉を投げつけてきた。そのとき即座に投げ返した彼女の名言（?）が紹介されているが、それは読者が読んでのお楽しみにしておこう（ここに書くには恥ずかしい！）。

また武田花ちゃんが木村伊兵衛賞を受けた授賞式に埴谷氏も出席して、花ちゃん側の唯一人として挨拶（スピーチ）を行なったが、一人前になった彼女には「花さん」と呼んだが、その横にいるお母さんに向っては「百合ちゃん」と言いつづけた、とも。以後、文章に書くときは二人とも「さん」づけにし、日常会話ではともに未だに「ちゃん」と呼んでいるとのこと。長年、ずっと家族ぐるみで親しくつきあってきたことがよく分るエピソードではないか。

私は埴谷氏のこのエッセイを読んで、ますます百合子さんのことがもっと知りたくなり、『富士日記』も古本で探して読んでみたいと思った。彼女に関しては、つきあいのあった村松友視の『百合子さんは何色』や、最近、彼女が様々な文学者と交した対談集も出たので、今後の探求が楽しみである。

（二〇二〇年二月二十日）

〔追記1〕

本篇には一寸した後日談がある（私の本の読者にはおなじみかもしれないが……）。

本書を一わたり読みおえて二週間程たった頃だったろうか、元町の古本屋「1003」に寄った折、チラシを入手して知った、有名な装丁家、菊池信義氏の仕事とその周辺を若い女性監督、広瀬奈々子さんが追った珍しいドキュメンタリー映画、「つつんで、ひらいて」がJR神戸駅近くの神戸アートビレッジセンターで上映中、というのを知り、道に迷いながら初めての館に観に出かけた。

始まってすぐの映像が、菊池氏が中庭の見える（猫が時々顔を見せる）静かな、こじんまりした仕事部屋で、新しい装丁の作業にかかっている場面だったが、何とその本というのが、私がしばらく前まで熱心に読んでいた『酒と戦後派』（！）だったのだから、アッと驚いた。

写植で作ったタイトルの斜体の文字を一字一字紙に貼りつけた版下を、何やら何回ももんで、文字にかすれを出しているところだった（後でそのカバーの装丁を改めて見てみると、今まで気づかなかったが銀箔の文字に所々やはりかすれがあった）。どういう意図でなのか、今ひとつ分らないが、タイトル中の〝酒〟にこだわり、酔眠で文字がかすれて見える、といったイメージで造られたのかもしれない。それにしても、菊池氏はすでに一万五千冊以上（実は二万冊とも）の本の装丁を手がけているのに、映像の冒頭に現れたそのうちの一冊が、読んだばかりの本書だったとは！

ついでに、この映画を観た印象も少し記しておこう。菊池氏が仕事場で色見本を繰って慎重に色を選んだり、助手の女性を指図したりする様子や、書店、印刷所、製本所に出かけて、現場の人とともに、チェックやダメ押しをする姿——微妙な一ミリのズレも見逃さない職人の技なのだ——、それに日頃、菊池氏に装丁を依頼している数人の編集者たち（白水社、思潮社、筑摩書房、青土社など）が、各々菊池氏の仕事を語るインタビュー、菊池氏自身への監督のインタビューなどが描かれていて、興味津々であった。弟子筋のデザイナーも話していたが、あらゆる実験的手法がすでに菊池氏によって手がけられていて、我々後進の者が新しい試みをするのはとても難しいとも……。

作家では、その多数の小説を菊池氏の重厚で趣きのある装丁で飾って出している古井由吉が実に味のある表情でインタビューに答えていた。

菊池氏は最後の方の発言で、これだけ沢山の装丁を手がけてきたのに、今は自身が空っぽになり、ちっとも達成感がない、と語っていたのが印象的であった。すでに定評を得ている今までの自身の仕事にも決して満足していない、若々しい氏の姿勢には心打たれるものがあった。

充実した気分に満たされて観おわった私は受付で、映画のパンフに代る64頁の本も喜んで求めた。これがまた凝っていて、赤い表紙の並製本、背が赤い糸でかがられたものだった。中身も監督、広瀬奈々子さんへのインタビュー記事の他、平野啓一郎や中野翠の興味深い映画評も載っていて、読みごたえ充分であった。

ここでまた、思いがけない偶然の出会いがあった。受付の横からにこやかに声をかけて下さる人がおり、私には見知らぬ女性だったので、はてな?と思って伺うと、彼女は大倉山の市立図書館に勤める調査相談係の波多野麻里さんで、実は一月後半に、元町の花森書林で行なった『タイトル読本』をめぐる私と林哲夫氏のトークショーに彼女も聴きに来て下さったのだとのこと。波多野さんもこの映画に関心をもって同じ日に観に来ていたのである。

おまけに、最近、市立中央図書館の広報パンフに、神戸関係の新着図書の一冊として、私が昨年春に出した『雑誌渉猟日録』(皓星社)も彼女が書いて紹介して下さったのだという(むろん、少し前に私もその一文を拝見していた)。まことにうれしく、有難いことである。

続けて二つの偶然に出会った、不思議な一日であった。

（二〇二〇年二月二十一日）

〔追記2〕

私は続けて日ならずして、古本屋で埴谷氏の晩年のエッセイ集『虹と睡蓮』（未来社、一九九五年）を見つけ、入手した（裏広告によると、未来社からは評論集が十五冊も出ている）。まだあちこちを拾い読みしているだけだが、まっ先に読んだのは、前述した文芸文庫には載っていない短いエッセイ「弔辞　武田百合子」と「鬼ごっこをして隠れている百合子さん」である。前者で、埴谷氏は夫君、武田泰淳が言った百合子さんの「面白さ」の中身を分析し、「その言い出しの突拍子もない出発点、やがてその過程で次第に知られてくる純粋性、そして結語における驚くほど見事な的確性」と述べている。また武田氏の根強いニヒリズムを思いがけず融解して、「同一の質の全肯定者」に変化させたのが百合子さんだった、と断言している。このような奥さまをもった泰淳氏はまことに果報者であったと思う。

本書でもう一つ、今まで知らなかった埴谷氏の一側面が、氏が写真にも造詣が深い人であったことである。氏は小学生の頃から父が買ってくれた写真機を駆使し、後に『近代文学』の専属カメラマン（自称）としても多くの文学者の姿を写し、各作家の回顧展などにも提供したりしたこと、かつて連載した論壇時評でも、ふつうは取り上げない写真集を論評したこと、本書でも高梨豊や島尾伸三、武田花などの写真集についてもコメントしているのが興味深い。さらに交流の深かった島尾敏雄の長男、島尾伸三氏の被写体にもなった体験も語っており、二度目の戸外の撮影では当初、近くの井の頭公園へ行く予定が、あいにく雨になり、玄関の前の道路に傘をさしたままつっ立って写されたという、トホホな体験を語っている。できるだけ自然体でふるまっていたものの、「カメラの方をみて下さい」と言われると、「目のまわりから頬へかけての筋肉が、やはり、平常通りでなくなるようだ」と告白している。埴谷氏にしてもそうなのか、と微笑を禁じえなかった。埴谷氏の撮った写真も見てみたいものだ。

（二〇二〇年二月二十三日）

〔付記〕

私は四月初め、コロナ感染を恐れてヒヤヒヤしながらも、阪急六甲駅近くの青少年センターで、大分前から催されていた古本祭りに出かけていった。もう収穫本とてわずかだったが、一冊、〝精選女性随筆集五〟『武田百合子』（川上弘美選）を見つけることができた。単行本は一冊、三〇〇円均一だからラッキーである。川上さんも序文でこう書き出している。

「武田百合子を最初に読んだときの驚くような心のはずみは、いつもよみがえってくる」と。本書には『富士日記』の相当な部分、『ことばの食卓』『遊覧日記』『日日雑記』からの抄録、それに単行本未収録エッセイも二篇、収められている。これからゆっくり楽しみながら読んでゆこうと思う。

（二〇二〇年五月十日）

坂本一亀の評伝（田邊園子著）を読む——戦後派作家とタイトル

戦後、復員して河出書房に入り、野間宏、椎名麟三、中村真一郎、三島由紀夫、埴谷雄高、武田泰淳ら、いわゆる戦後派の大物作家たちをいち早く見出し、叱咤激励して主に書下し作品を完成させ、世に出した〝伝説的編集者〟とよく呼ばれる坂本一亀《かずき》氏については昔からいろんな文章で紹介され、断片的には知っていた。ただ、私の志向の癖で、そういうビッグな文芸編集者のことはすでに多くの人が書いているので、さほどの関心はなかった。ただ、坂本氏のまとまった評伝は今まで不思議に出ておらず、田邊園子さんの『伝説の編集者　坂本一亀とその時代』（河出文庫、二〇一八年）が唯一あるだけである。

この田邊さんは河出書房に入社以来、ずっと坂本氏の直属の部下として働いてきた優秀な編集者であり、坂本氏が退社するまで、その仕事ぶりや性格面の光と影をも身近につぶさに観察し、体験した方なのだから、坂本氏の評伝をまとめるのにもっともふさわしい

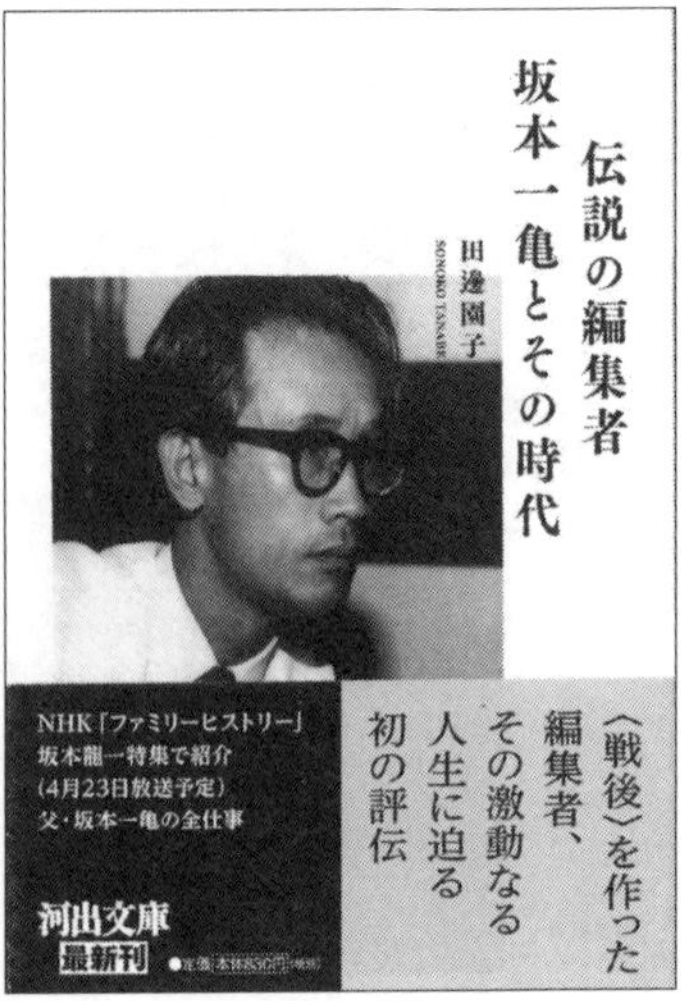
伝説の編集者
坂本一亀とその時代
田邊園子
SONOKO TANABE
〈戦後〉を作った編集者、その激動なる人生に迫る初の評伝
NHK「ファミリーヒストリー」
坂本龍一特集で紹介
（4月23日放送予定）
父・坂本一亀の全仕事
河出文庫
最新刊

方である。あとがきによれば、子息の大作曲家、坂本龍一氏から、父の存命中に本にまとめてほしいという依頼があったのがきっかけで、本書が生まれたのだという。

それに、私は昔、初めて自費出版で出した拙いエッセイ集『古書と美術の森へ』（新風舎、一九九四年）の中で、田邊さんが初めて出した『女の夢　男の夢』（作品社）をごく短いながら書評した一文を収録しているので、わずかながら縁がある方なのである（本書には、埴谷雄高の情理かねそなえた序文が付いていて、田邊さんに感謝している）。

それで、今年に入ってから、神戸のどこかの古本屋で、その文庫本を見つけ、入手してしばらく本棚の文庫本のコーナーに面陳の形で置いていた。最近、思い立ってようやく通読したところである。

本書の特徴は、坂本氏とつきあって格闘の末、著作を物した作家ごとに一人、ないし二、三人ごとに作品誕生までのドラマを描いているが、その多くが、坂本氏の回想文やそれに対応する作家側の回想記の引用を駆使して描かれていることだ。これも不思議なことだが、坂本氏は一面で、含羞の人でもあったので、自分が表面に出るのは極力避け、一冊も回想記やエッセイ集は出していない。しかし、本書を見ると、各々の作家との思い出や出版のいきさつは、数多くエッセイで残しているのが分る。

本書では、とくに野間宏との出会いから長編小説『青年の環』執筆、完結への長年にわたるかかわりや、その後の確執や別れについて多くの頁が割かれており、迫力がある（田邊さんは途中から野間宏の担当になっているのだ）。作家の中で一番気が合ったのは、小田実と高橋和巳であったことも明かしている。「いつもは苦々しくむずかしい顔付きをしている」坂本氏が、小田実が来社した折だけは、にっこりと笑顔も見せたそうだ。

田邊さんは上司、坂本氏の性格的な負の側面も相当正直に書いていて、周囲の、とくに社内のスタッフからは「困った人」「おっかない人」と見られ、つねに皆ピリピリして、恐れられていたことを明かしている。編集者はただのサラリーマンであってはならない、というのが坂本氏の一貫した信念で、徹夜してでも、作家の完成原稿を読むよう、よく命令されたという。

その口調は、坂本氏が体験してきた軍隊用語で、つねに終止形の命令であった。例えば

「今日中ニコノ原稿ヲ読ム！　イイナ！」「読ンダラ感想ヲ付ケテ出ス！」というふうに。作家の多くの人々も、最後には作品を完成する上で精神的支えや励ましになったと感謝はしているものの、そこに至るまでに坂本氏の様々な表現上の細かい注文や度重なる大量の原稿縮小のための書き直しの、困難の伴う要請など、いささか反発する向きもあったことを、控えめな表現で記している。たしかに、坂本氏の働きかけによって、格段に作品の出来がよくなったケースが多いのだろうが、作家にしてみれば、はたしてそれが本当に正解だったのかは、疑問も残るだろう。というのは、その作業は第一読者である坂本氏個人の趣向や判断にもっぱら委ねられたからである。

私も、これらを読んで戦後文学の名作の数々を誕生させた、卓越した名編集者であることは充分認め、評価するものの、こういう上司の元で部下として働くことはごめんこうむりたい方である。第一、私ならそのストレスで病気になってしまったことだろう。その点、田邊さんはよく耐えたものだと感心してしまう。今なら、パワハラと言われてもおかしくない、様々な体験をされている。

さて、このへんで本篇の主題の方へ焦点を移そう。

私は昨年、編者として苦労の末に出した『タイトル読本』をふり返って、作家の小説の執筆に際して、大体、二大タイプがあり、タイトルさえ決まれば、一気呵成に筆が進む人と、完成してからじっくりあれこれ考えてタイトルを決める人に分かれることを知った。むろん、どちらにしてもタイトルを決めるのは並大抵の作業ではない。前者のタイプが比較的多いという印象を受け、解説でもその一例として、椎名麟三が『永遠なる序章』をタイトルに決めたエピソード——船山馨との何げない会話から生まれた話——を船山氏の回想記から紹介した。実は、この小説も、坂本氏が戦後、河出書房に入ってすぐに企画した〝書下し長篇小説叢書〟の第一弾に当る作品であった。氏は続いて中村真一郎の『シオンの娘等』、三島由紀夫『仮面の告白』、島尾敏雄『贋学生』、そして野間宏『真空地帯』を出して各々大きな反響を呼ぶが、その他にも書下しで、埴谷雄高、武田泰淳、梅崎春生、船山馨などにも依頼し、刊行を予定していた。引用された坂本氏の回想によると、船山氏は仮題として「地下亭」をあげていたが、ついに書けず、梅崎氏もテーマが二転、三転した末に、『断橋』という題名まで決っていたが、書けずじまいだった。

他にも、神西清は題名ひとつ決めるのに二年もかかり、『血の畑』と決ったのに書けずじまい。檀一雄も『風の足跡』や『ペルシャの歌』という仮題をあげていたが、やはり書けなかったという。これらは、担当編集者でなければ書けない、打明け話である。

想うにこれは（私のうがった見方かもしれないが）各々その当時の作家側の抱える難しい悪条件が重なった結果といえようが、その原因の一つに、坂本氏の厳しく執拗な催促によるプレッシャーや焦りといった心理的理由もあげられるのではなかろうか。編集者にとって、なかなか書いてくれない著者への催促のタイミングや方法は本当に難しいものだ。

私は、これらを読んで、今まで題名さえ決まれば、執筆はスムーズに巧くゆく作家が多い、という思い込みは勘違いだったことに気づいたのである。とくに長篇の場合がそうだ。

本書にはもう一つ、作家のタイトル誕生の興味深い裏話が紹介されている。

それは井上光晴の『地の群れ』の執筆のいきさつだ。

井上氏の回想記によれば、当時『文藝』編集長だった坂本氏から三百枚前後の小説の依頼を受け、書き始めたが、なかなか筆が進まなかった。井上氏は当時の日記にこう書いている。

「坂本一亀頑迷。催促をきびしくさえすれば傑作を書けるというものでもあるまい。（中略）土台、フンカメ（筆者注・一亀氏のこと）は小説がわかっているのか。三章全体がごたごたしているとぬかしやがった……」と。

これこそ、正直な作家側の本音であろう。

作品完成までの毎日のようにくり返される電話での激しいやりとりを、田邊さんらは間近で聞いていたという。どちらも直情径行型の九州男児で、けんかの応酬だったらしい。最後まで決まらなかったのが題名で、井上氏が「海塔新田」を主張するが、坂本氏はどうしても気に入らなかった。

当時、『文藝』編集部にいて井上氏の直接の担当者だった川上和秀氏は間にはさまれて困惑していた（本当にお気の毒なことだ）。川上氏の回想談によると、困惑しきって、詩集のなかになにか良い語句がないものかと探したところ、ボードレエルの詩集のなかに「血の群れ」という詩句を見出したのだという。おそらく川上氏はフランス文学専攻の出身だったのでは、と思われる。

井上氏は北海道取材からの帰りで、出迎えに来た川上氏と羽田空港からタクシーに乗りこみ、その提案を聞かされた。井上氏は「『血』の文字は生ま生ましいから、と言って『血』を『地』の字に変えたそうだ」と。

ただ、坂本氏はこの題名も気に入らなかったが、最後には仕方なく折れたのだろう。タイトル誕生までの迫力あるドラマを見る想いであった。

そういえば、タイトルをめぐる話がもう一つある。引用しよう。

「真継伸彦の『光る聲』という題名は、初めは『光りの聲、海の聲』と付いていた（筆者注・作家案だろう）。坂本一亀はそれを見て、「長スギル！」と一声発して、真ん中を削り、上下を詰めてしまったのである」と。

意味が不明のその題名を田邊さんから聞かされ、真継氏は「しかたがない、といいたげな、諦めたような表情で苦笑するのであった」と田邊氏は書いている。本書の他の引用で、辻邦生と真継氏の対談が出てくるが、そこで辻氏は真継氏が当時「坂本さんの申し子みたいな」存在だったと語っている。

他にも、本書では、息子の坂本龍一氏が父親の思い出を語った文章をいろいろ引用し、幼い頃は「とにかくこわいっていう印象だけだった」と言う。私の父親も元職業軍人だったので、幼い頃から怖く、同じような父親観をもち、長い間、それを引きずっていたことを思い出したものである。

以上、私は自分が関心をもつタイトルの話に絞って、偏った紹介をしてしまったが、本書が初めての坂本一亀の評伝としてすぐれたものであることはまちがいない。大方の好評を得たものとみえ、私の入手した文庫本も一ヵ月で増刷している。

（二〇二〇年二月十六日）

吉行淳之介の編集者時代――借用したタイトル他

私は昨年夏に神戸、JR六甲道駅近くのマンションにようやく引っ越してきたので、三宮、元町へ出る機会は多く、その度に一軒位は古本屋をのぞいている。今年初めにオープンした三宮駅前古書店（清泉堂と口笛文庫が共同出店）にも、足場がいいので時々立ち寄っている。多ジャンルにわたって、センスのよい選書でなかなか良質の本が並んでいる。開店直後、私は口笛文庫が出していた、以前から探していた芦屋の前衛写真家、――中山岩太と並んで日本の前衛写真界をリードした――『ハナヤ勘兵衛展』の図録（芦屋市立美術博物館、一九九五年）を見つけ、喜んで求めている。今回はとくに単行本では買うものがなかったが、文庫のコーナーで吉行淳之介『私の文学放浪』（講談社文芸文庫、二〇〇四年）を見つけたので、買うことにした。実はこの本は以前、講談社文庫版で入手して一読した覚えもあるのだが、引越しの折に他の雑書にまぎれ手離してしまったのだ。

私はお恥ずかしいことに世評の高い吉行氏の小説も殆ど読んでいないのだが、エッセイ集は面白いのでいろいろと読んだことはある。本書はとくに若い頃の出版社編集者時代のことが描かれているので面白い。この機会に早速再読してみた。繊細な文体で綴られ、登場する人物たちへの配慮もゆき届いた好文章で、読みごたえがある。

ごく簡単に紹介しておくと、氏は昭和二十年、東大文学部英文科に入学するが、東京大空襲で家を焼失し窮乏に陥る。二十二年秋、二十三歳のとき新太陽社でアルバイトを始め、会社の勧めで社員となり大学は中退する。新太陽社はその頃、中央区築地一―五にあった（神奈川近代文学館資料課の御教示による）。以来、六年間、編集記者として勤めている。初め会社が創刊した『アンサーズ』に三面的な記事を書く。『アンサーズ』が一年後廃刊になり、戦前から出していた都会的でスマートな雑誌『モダン日本』編集部に参加して働いている。編集部には後に『春の草』で芥川賞を受賞した石川利光氏が重役でおり、澁澤龍彦も一時在籍していたという。しかし二十四年になると、『モダン日本』は赤字続きとなり、執筆者にもしばしば稿料を払えず、その言いわけ係をつとめて様々な苦労をなめている。当時の吉行氏はすこぶる生意気なところがあって、雑誌を飾ったマンガ家たち――加藤芳郎、岡部冬彦、やなせたかし、根本進、富永一朗諸氏――にもそんな応対をしたと自ら語っている。当初は四十人ほどいた社員（後にふれる『紳士放浪記』では五十人とあるが）も、末期には社長以下四人になり、その四人でマージャンばかりしていたという。『モダン日本』の末期には、後に「お笑い三人組」の漫才作者となって活躍する名和青朗氏と二人だけで、割付から校正、印刷所との交渉など、何でもやったそうだ。『別冊モダン日本』と称して、十三冊発行した。雑誌の内容は洒落たセンスと陽気な笑いで、性の話題を提供するもので、そのためか、黒字になった。ところが前社長、牧野英二氏（作家、牧野信一の弟）と金主の間で雑誌所有権をめぐって紛争が起り、結局廃刊となってしまう。

私が編集者としてとても面白く読んだのは、吉行氏が作家、三橋一夫氏の原稿二十枚を自宅に受け取りに行った際、酔っ払って帰り途で、原稿十八枚を紛失してしまい、やむなく書き直してもらったという大失態のエピソードの件だが、これは私の旧著『著者と編集者の間』（武蔵野書房）でもすでに詳しく紹介している（他にも、旧著で計三回「原稿紛失の

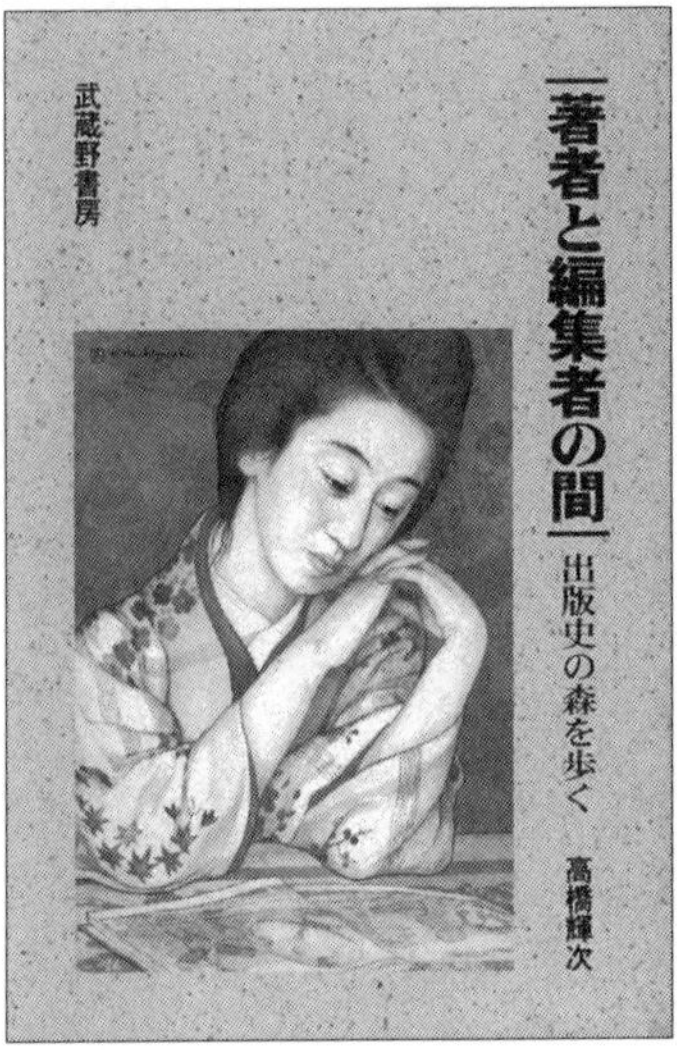

話」を書き、いろんな作家のエピソードを紹介した)。

それよりも今回、再読して一番注目したのは、吉行氏が自分の小説のタイトルの由来について言及している箇所であった。

私は昨年十月に、出版社の事情で出版まで五年程かかったが、アンソロジー『タイトル読本』(左右社)をようやく上梓した。ただ、そこに収録できなかったエッセイ、評論、小説などもまだかなりあるので、もし可能ならもう一冊まとめられないか、と考えている(むろん、出してくれる出版社が見つかれば、の話だが)。それにはまだ少し分量が足りないので、その後もタイトルにまつわる文学者のエッセイが古本で見つからないか、と探求中なのである。ただ、吉行氏の場合は単一のエッセイではない。

まず氏はM・Mさん(宮城まり子さんのことだろう)が古本屋で買ってきて書棚に並んでいた『世界童謡集』(昭和十三年)の中の一篇、アデレイド・オ・キーフェの「獣鳥魚虫」

という歌の題を見て、イメージが膨らみ、「鳥獣虫魚」という作品を書いたと記している。他にもスティーブンソンの「寝台の舟」からも採って短篇を書いている。また、『砂の上の植物群』はクレーの絵の題から借用した、ともある。そういえば、『タイトル読本』でも、作家、新井満氏が吉行氏の作品タイトル『星と月は天の穴』『湿った空渇いた空』『菓子祭』『石膏色と赤』などをあげ、いずれも忘れられぬ、よい題だと感心している。

この吉行氏がタイトルに採った、外国の作品や他のジャンルの作品からの〝借用〟、またはその〝変奏〟や〝もじり〟という方法は『タイトル読本』を改めて見直してみても意外に多いのに一寸驚いている。

列挙になるが、浅田次郎氏の『週刊現代』に連載したエッセイの総題、『勇気凛凛ルリの色』は、昭和三十年代半ばの人気テレビドラマ「少年探偵団」のテーマソングの一節とのこと。筒井康隆氏の『串刺し教授』はカルヴィーノの作品から。「邪眼鳥」はドノソの「夜のみだらな鳥」から採っている。中上健次の『千年の愉楽』もマルケス『百年の孤独』から。中島らも『永遠も半ばを過ぎて』『今夜、すべてのバーで』はブラッドベリの作品からだろう、と筒井氏は指摘している。

野呂邦暢氏の『愛についてのデッサン』は、丸山豊氏の同名詩集から許可を得て採ったもの。

川本三郎氏の出世作『マイ・バック・ページ』はボブ・ディランの歌の題名から。映画エッセイ集『朝日のようにさわやかに』はジャズの名曲から。『町を歩いて映画のなかへ』はヘミングウェイ『河を渡って木立の中へ』をもじったもの。その他、いろいろな映画の題名から書名を採っている。

小林信彦氏の書下ろし小説『世界で一番熱い島』は女性人気グループ、プリンセス・プリンセスの大ヒット曲、「世界で一番熱い夏」から採ったのだと告白している。

本書には収録できなかったが、小池真理子さんのエッセイ集『闇夜の国から二人で舟を出す』のあとがきによれば、このタイトルは井上陽水氏の名曲、『闇夜の国から』の一節から許可を得て拝借したという。他のエッセイでも、新聞連載の『ストロベリー・フィールズ』は、ビートルズの曲名から拝借したと書いている。

最近、古本でたまたま見つけ、タイトルにひかれて入手した歌崎功恵さんの歌集『走れウサギ』は、第一回石川啄木賞を受賞したユニークな歌集で、私のような短歌の素人にもとても楽しめたが、あとがきによると、アメリカのアップダイクの同名小説から採ったと告白している。なぜこのタイトルなのか。歌崎さんは「ウサギは日々こっそりと逃走を試み、しかも前にしか走れず、鳴く声を持ちません。しかし穏やかそうに見えて実は貪欲なところもどこか自分と似ているような気がするのでした」と書いている。

また、これは間接的な情報だが、以前、目録で入手して積ん読のままだった川村慶子『勝手気まま本の話』（緑の笛豆本311集）を読んでいたら、川村さんの敬愛する、交流のある作家、伊藤信吉氏の散文集『上州の空の下』のあとがきに当る「覚え書」には、この題はルネ・クレールの名作映画「巴里の空の下」が下敷になっている、と告白しているという。ちなみに、川村さんは詩人で、自由、闊達な文章を書く人だ。

その後、見つけた土屋隆夫の『推理小説作法』の中でも、題名についての項があり、自作の『三幕の喜劇』にはクリスティの『三幕の悲劇』が念頭にあったと言う。

もう一つ、最近見つけた宮沢章夫の面白いエッセイ「三つの書名」によると、赤瀬川原平の『わかってきました。』は、宮沢氏の『わからなくなってきました』がヒントになっていると言う。また、『本の雑誌』中の大塚真祐子さんのエッセイによれば、絲山秋子の『ダーティ・ワーク』は表題から各篇のタイトルすべてがローリングストーンズの楽曲名という。

このように、作家にしろ、歌人にしろ、自分の気に入っている、好きな他の作品や曲からタイトルを借用したり、下敷にすることは比較的多いようである。作者の口から、そうしたタイトルの打ち明け話を聞かされると、読者も、興味を覚えることだろう。最近亡くなった坪内祐三氏の『古くさいぞ私は』も、荒川洋治氏の『新しいぞ私は』をもじったもの、とあとがきに書いている。

そういえば、日本の詩歌の伝統には、昔から〝本歌取り〟という手法があり、現代の文学者たちもその伝統を無意識に受け継いでおり、あまり抵抗なく採りやすい手法なのかもしれない（一寸、強引な説かな……）。

さて、再び吉行氏の編集者時代に戻ろう。

私は『私の文学放浪』を読んでいる最中に、神戸のある古本屋（失念）の均一コーナーで氏の『紳士放浪記』（集英社文庫、昭和六十二年）を見つけ、買って帰った。実はこの本も以前持っており、いつか読もうと思いながら引越しの折、大量の他の文庫本と一緒に処分してしまった。この中の第三章が表題の「紳士放浪記」で、氏の新太陽社時代の様々なエピソードが軽快でユーモラスな筆に乗せて語られているのだ。ただ、執筆時、様々な登場人物のプライバシーに配慮したのか、殆どがM氏、T・T氏というように仮名になっている。すぐ分る人もいるが、考えても分らない人が多く、読んでいてまどろっこしいのが一寸残念である。

吉行氏らしい読者へのサービスだろうか、色気あるエピソードも多い。例えば、新太陽社の金主O氏の経営するO紙店の従業員で社に出入りしていた青年M君が、O氏の小遣いかせぎの手伝いでよく人を集めて秘密の映画会を主催していた話も出てくる。吉行氏も、参加したそれらの映画の印象を語っている。

著者とのエピソードもいろいろ描かれているが、ここでは一例だけ簡単に紹介しておこう。著名な時代小説家G・M氏にやっと原稿を書いてもらったが、その折、G・M氏から

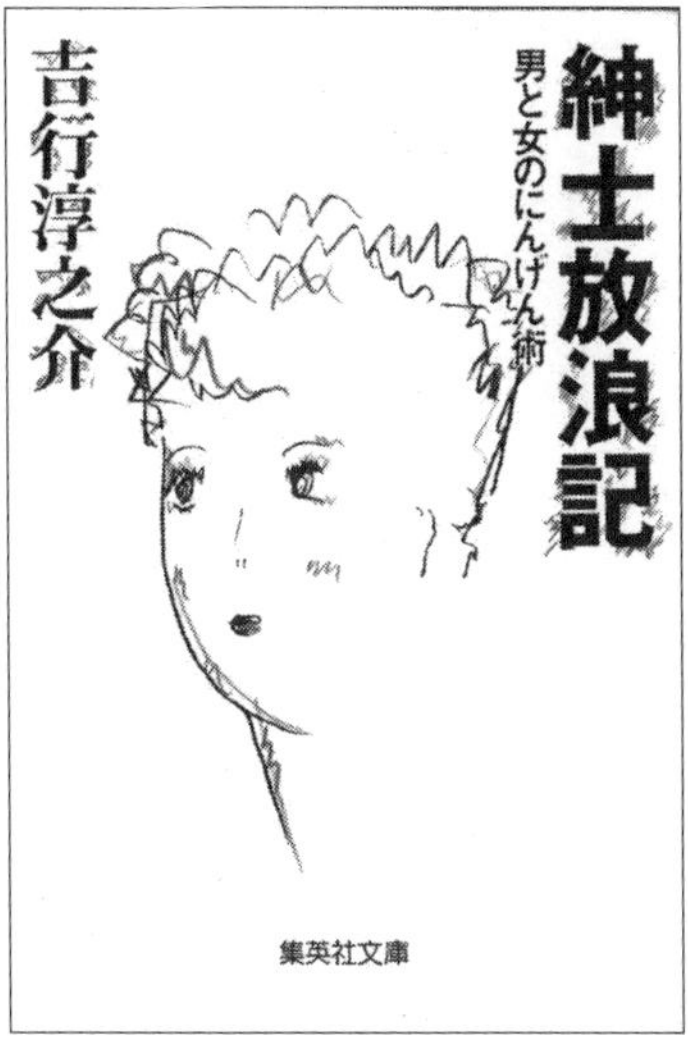

自分の書いた珍しい現代小説——戦争を題材にしたもの——を、愛着があるのでついでに載せてほしい、と頼まれ、しばらくして活字にし、不在の折、ゲラ刷りを届けておいた。そのゲラ刷りをG・M氏が紛失してしまったというので、またいくつも電車を乗り換えて氏の家に辿り着いた。
ところが待たされたあげく、吉行氏の前

に現れたG・M氏から、ついでに「このサシエはダメだ。他の人に描いてもらってくれ」と言われたという。雑誌発行のギリギリの時点である。その挿絵画家とは、当時は殆ど無名だったが、現在では第一線画家のKAN・K氏（風間完）のこと（例えば、五木寛之『青春の門』の魅惑的な女人像の挿絵など、すぐれた仕事が多い）であった。ダメときめつけられる画ではなかった。吉行氏はカッと腹が立ったが、雑誌発売日に間に合わなくなったら困るので、「それでは、いったい誰ならいいのか」と尋ねてみた。すると、意外にも「S・Oさんに頼んでくれ」という返事。S・Oさんは戦争で右手と片眼を失い、不自由な身で描いているが、陽気で色好みの人物だった。吉行氏もこの人が好きで日頃、親しく仕事を頼んでいた。それで、「ややナニワ節的ながら、やはりG・M氏は善意の人なのだな、と私は救われる気持ちがした」と、述懐している。

以前『編集の森へ』に一寸書いたが、私にも、多少似通った経験がある。ある、大へん人気のある大先生のエッセイ集を出せることになり、校了も間近の頃、出来上った装幀案を見てもらったところ、具象的な絵を使ったそれがお気に召されず、もっとシンプルな抽象的なものに変えてほしい、と言われ、大あわてで、旧知のヴェテランの装幀家に頼み、早急につくり直したことがある。元の装幀案は私が個展で探していて見つけ、作品が気に入っていた若いまだ無名のデザイナーだったが、試みにお願いしたものだった。私はなかなかいいな、と気に入っていた装幀案だっただけに残念で、そのデザイナーにも申し訳なかったと思っている。大先生に反論することなど、私にはとうていできなかったのだ（気が小さいものですから……）。

なお、後年、吉行氏の初めての週刊誌の仕事の挿絵を描いてくれたのが、その風間完氏だった、という落ちがついている。

本篇では、新太陽社の金主O氏と前社長牧野氏との雑誌発行権をめぐる、ややこみいった紛争についても詳しく綴られているが、ここでは省略しよう。

もう一つだけ。意外に思ったのが、新太陽社の末期に、あの中村メイコさんが、社長の親戚筋にあたる関係で、しばらく勤めていたことである。社会見学のつもりもあったらしい。メイコさんが十七歳ぐらいの頃というから、さぞ可愛かったことだろう。彼女が神奈川の茅ヶ崎から通っていたせいか、しばしば遅刻するので、社長が気兼ねして「どうも怠けて困る」とこぼすのを、吉行氏は「そうむずかしくいわないで、編集室の花瓶のようなつもりでいましょう」と慰めたという。さすが、フェミニストで聞こえた吉行氏の発言である。

吉行氏は『私の文学放浪』の中でも、その六年間の編集者時代をふり返り、「この時期は作家としての私の土壌に、十分な肥料をそそぎこんだことになる」と述懐している。

（二〇二〇年二月五日）

〔付記〕

本稿に出てくる宮城まり子さんが二〇二〇年三月二十一日、九十三歳で亡くなられた。宮城さんは長年、上皇后様とも交流があったそうである。ご冥福をお祈りします。

タイトル談義あれこれ——『タイトル読本』余話として

私は昨年十月、長い間の懸案だったアンソロジー『タイトル読本』を左右社からやっと出すことができた。日経新聞や『週刊文春』、『サンデー毎日』で岡崎武志氏、『図書新聞』で荻原魚雷氏などが各々面白い紹介をして下さり、まずまず好評のようである。五月にはＮＨＫラジオ第二放送のインタビュー番組、「私の日本語辞典」のシリーズでも三十分、五回放送された。出版を記念して、神戸、元町の古本屋〝花森書林〟で本書の書下しの執筆者の一人、林哲夫氏とトークショーも行なった。雄弁で博識の林氏と異なり、しゃべりが全く苦手な私だが、本のＰＲにもなるかと思い、訥弁ながら何とか務めを果たすことができた。

その後も〝タイトル〟への興味は衰えず、古本屋や書店で、新たな著者のエッセイを見つけたり、メモをとったりしている。ここではそんな中から面白そうな話題を拾い、あれこれ気ままに書いてみよう。

まず、私は今年から神戸の住民になったので、時々地元の神戸新聞も買って読む機会がある。とりわけ書評欄はなかなか充実しているので、先日も見ていたら、井上景《たかし》『行列のできる児童相談所』の書評が目に止った。それによると、本書は十数年にわたって金沢や大阪府で児童相談所職員として勤務していた著者が、児相（略）の実態を報告し、とくに現在絶えない児童虐待を人任せでなく社会全体で防止しようという意図で書かれたもののようだ。一貫しているのは「子どもを守る」という視点だという。

注目するのは、このタイトルで、明らかに日本テレビの人気トークバラエティ番組「行列のできる法律相談所」（傍点筆者）から思いついて付けたものだろう。別稿でも書いた、一種の〝借用〟タイトルである。学術的な啓蒙書のタイトルとしては異色で、読者の目をぐいとキャッチできるが、一方で（素人の見方だが）そんなに行列ができるほど人気が出たら、ただでさえ不足がちな児相のスタッフの容量から相談者全ての要望に対処できるのだろうか、という心配もおこる。でも、読んでみようという、購入への強い誘いにはなるタイトルだろう。今後はこれに倣って「行列のできる結婚相談所」とか「行列のできる探偵事務所」といったタイトルの本も現れるかもしれない。

＊

コロナ感染の拡大以前に、ブックオフの文庫本コーナーを遊泳していて、ふと目について思わず手にし、結局おずおずと買ってしまったのが島村洋子のお色気エッセイ集『せずには帰れない』『アレの続き』（両書とも双葉文庫）である。他にもカバーの左ソデにある既刊本に、『家ではしたくない』『へるもんじゃなし』があった。色気のある様々なテーマについて、島村さんが本音でユーモラスにおしゃべりする面白い内容だが、タイトルが

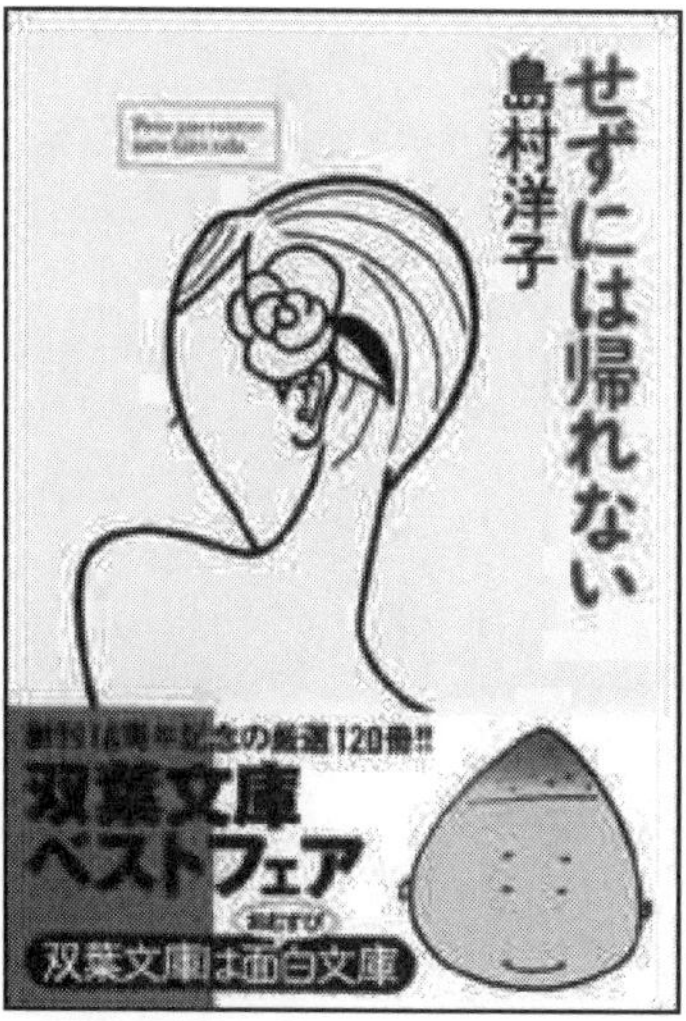

直接的ではないが、いずれも思わせぶりで、あゝ、あのことかと連想させる絶妙な付け方である。これは読んでみようか、と読者はつい乗せられるではないか（とくに男性の読者は！）。むろん、島村さんは純文学も書いている作家である。そういえば、昔「女はそれを我慢できない」というアメリカ映画があった。刺激的タイトルだが、この場

合の〝それ〟はどんな意味だったのか。

＊

前述の花森書林のトークショーで一寸しゃべったことからも紹介しておこう。

私は昨年、旧友に会うため、久々に名古屋に出かけたが、友人と別れたあと、たまにのぞいている地下鉄、上大津駅すぐ上にある〝つたや書店〟を訪れた。ここの女性店主の方は私と同世代でもあるせいか、とても親切に話しかけて下さる。

店内で雑誌類を漁っていたら、ふと名古屋市美術館の『研究紀要』（平成十年）が目に止った。中をのぞくと、巻頭に当館学芸員、角田美奈子さんの「東郷青児作《帽子をかむった男》の原題について」が載っていた。これは絵画のタイトルについての珍しい研究報告なので、喜んで買って帰った。帰宅して興味深く一読。これによると、従来東郷の「帽子をかむった男」（一九二二年）とされてきた作品は、購入した同館での再度の裏書きの調査によれば、東郷氏自身がイタリア語で「歩く女」と署名しており、何らかの事情で誤って日本に伝えられたのだという。たしかに図版をよく見ると、ちぢれ毛の男装の麗人のように見える。

東郷氏は一九二一年渡仏してパリに住むが、その間イタリアへ旅行して、未来派の主導者、マリネッティに会い、数度交友している。パリに戻り、未来派の影響を受けた作品を描き、その五、六点をローマで開かれた未来派展覧会に出品した。その一点、前述の作品をマリネッティが気に入って購入し、彼の死後も夫人が長く所蔵していた。ある時期からそれが「帽子をかむった男」のタイトルにされてきたという。東郷氏の記憶もその点、あいまいで、その後、氏の未来派評価も否定的になったせいか――未来派はファシズム（ナチス）とかかわっていたとされる――日本で紹介される際も無関心で現物を見ておらず、そのままのタイトルになった。角田さんは東郷氏の回想や先行研究の成果、マリネッティの遺族との確認の書簡などを参照しながら、その間の事情をまるでミステリーの謎解きのように解明している。角田さんは、今後は両タイトルが併記されるのが望ましい、と結んでいる。（実際に、二〇一七年に出た「東郷青児」展の図録ではそのように表記されてい

東郷青児展図録（2017 年）より

る。）一枚の絵画タイトルにも様々なドラマが隠されていることがこの論文で明らかになり、大へん興味深い。

＊

次は面白い映画タイトルの話題を紹介しよう。最近、ブックオフで見つけたのが淀川長治の『私はまだ嫌いな人に逢ったことがない』（PHP研究所・昭和四十八年）である。このタイトル自体、読者を引きつけるキャッチコピー的なものだ。この中に淀川氏が「映画のタイトルとのおつきあい」を語った講演がある。淀川氏は神戸で生れ、兵庫県立第三神戸中学校（現長田高校）を卒業した。他の学科はできなくても英語だけは大好きで、その頃よく見た映画のタイトルからも英語を学んだという。例えば氏が最初に観た、大正四年頃に上映された原題通りの「マスター・キー」は〝合いかぎ〟「フェータル・リング」が〝運命の指輪〟「オーバー・ザ・ヒル」が〝あの丘越えて〟というふうに。原題「ドント・テル・エブリシング」には「言わぬが花」といううまい題が。「クレイジー・ツー・マリー」は〝結婚狂〟の意味だが、日本では「嫁がほしゅうてなりませぬ」という粋な題がついていた。また、アメリカの人気俳優、ダグラス・フェアバンクス主演の映画、原題

「ニッカポッカ・バッカロー」の前半の語はカウボーイの意味、後半の語はゴルフのズボンみたいなおしゃれなズボンのことで、〈都会育ちの牧童〉のことを意味するのだが、当時はスラングの辞書など出ていなくて映画会社も分らないので、原題のままで上映された。それが地方の映画館に配給され、ポスターを見たある館主が、これは誤植だろうと勝手に判断して「ニッカポッカ・バカヤロー」(傍点筆者)と題を変えて上映したという、愉快なエピソードもあげている。

他にも、パラマウント映画配給の「キス・アンド・メイキャップ」は「接吻とお化粧」と訳して上映されたが、本当は「接吻して仲直り」の意味だった。大人気の〝007〟シリーズ映画、「ユー・オンリー・リブ・ツワイス」は日本では「007は二度死ぬ」の題で上映された。この方がたしかに、より観客をひきつける。マリリン・モンロー主演の「七年目の浮気」の原題は「セブンイヤー・イッチ」だが、イッチはムズムズする、という意味で、それをダイレクトに変換したのだと言う。

さすがに淀川氏、うんちくを傾けて、タイトルの誤訳例や巧みな意訳例などをあげている。

『タイトル読本』でも数人の文学者が指摘して嘆いているように、現在の洋画は原題をそのままカタカナにしたものが多く、安易なつけ方をしている。よほどの英語力がないと、一見して理解できないタイトルが多い。一体、ヒットさせる気があるのか、とさえ思ってしまう。それに比べると、山藤章二氏もエッセイに書いているように、昔の映画配給会社の宣伝部には文学青年タイプなど、各分野の才能ある、ひとくせある人物が集まり、観客にぐっとくる題名を必死に知恵を絞ってつくり出したのだという。

例えば「第三の男」「イヴのすべて」「お熱いのがお好き」「勝手にしやがれ」「明日に向かって撃て」「哀愁」など、皆そうである。

*

このへんで、私にとって目からうろこ、のタイトル論に出会ったので、報告しておこう。入手したのは、はっきりと憶えてないが、花森書林でのトークショーが近づいてきた頃だと思う。

例によって「街の草」さんに出かけ、たまたま入荷していた詩同人誌の一山をチェックしていたら、数冊の『アリゼ』が出てきた。『アリゼ』は神戸の代表的なすぐれた詩人、以倉紘平氏（『地球の水辺』が有名）が主宰している関西の詩同人誌で、初期には故大野新氏も参加していたし、早く亡くなった桃谷容子〈一九四七～二〇〇二年〉『黄金の秋』、『カラマーゾフの樹』、『野火は神に向って燃える』三冊のすぐれた詩集を遺した。二〇一七年、編集工房ノアからエッセイや小説も含む『桃谷容子全詩集』が出版された。本書中の「ポーランドからの手紙」Ⅰ～Ⅳも、実に味わい深いエッセイだ。その美貌ゆえに、杉山平一氏から〝関西の薔薇〟と称えられたという。私は『アリゼ』の桃谷容子追悼号（91号）を今も大切に持っている）も同人であった。それで目次をのぞいて面白そうな号を選び、四冊程買って帰った。

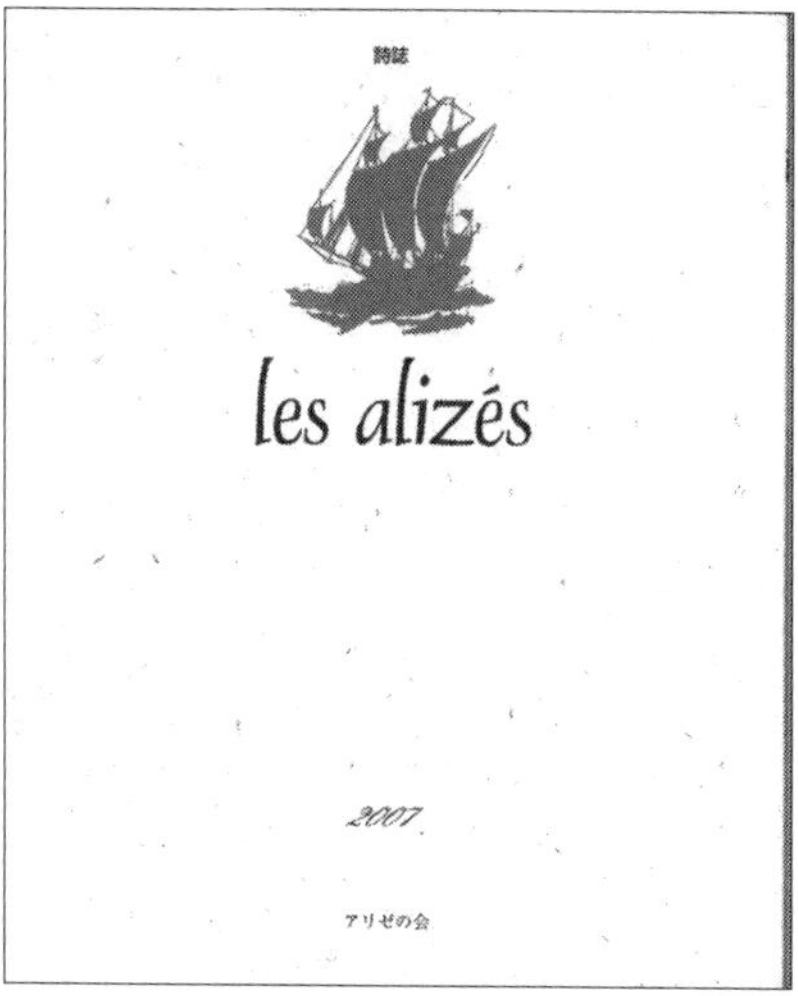

　帰りの車中で、たまたま76号を開いて見ていたら、エッセイ欄「船室」の上段二頁に、角田清文「京都駅31番ホーム――汐見由比の作品頌」が目に止った。読んでみて、「ほぉ！　こんな視点もあるのか！」と一寸した衝撃を受けた。短い文だから全文引用したい位だが、そうもいかないので、一部引用しながら紹介しよう。

「京都駅31番ホーム／これは、あなたの詩

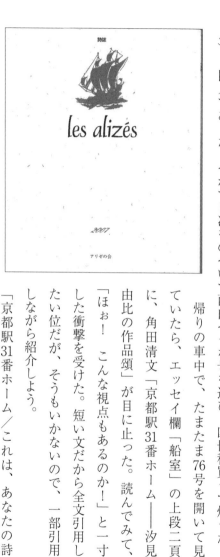

篇（『アリゼ』75号）の表題である。表題もまた詩となりえる。いや表題こそ詩ではないのか。この表題こそがテクスト（本文）――本文のすべての詩行が註（ノート）となっているのではないか。このめくるめく逆転劇よ。それほどまでに聳立しているこの表題のゆるぎなき、まばゆさ。」という文章に始まる。そして本文の詩句をいくつか取り上げて分析する。例えば（31）という素数は約数（意味）にとらわれない、なまめかしさをもっというう。（30）では全くダメだと。その上で、こう示唆するのだ。「この表題のゆるぎなさ、まばゆさは、あなたの力業ではない。このいさおしは、あなたの自力作善ではない。もっぱら他力易行のめぐみ――大悲による。わたしたちが詩作にかかわるとき、おのれの力業などタカが知れているではないか。（後略）」と結んで、再度、表題をあげている。いわゆる、ポーのいう〝ユリイカ!〟的な体験を指すのであろう。この筆者、角田氏については不勉強でよく知らない。ただ、京都のヴェテラン詩人で、天野忠ほどに一般読書人にはあまり知られていないが、昨年出た詩人、正津勉の『京都詩人伝』には天野忠、大野新、清水哲男ら五人の中の一人に取り上げられており、評価の高い詩人らしい（私はこの本も新刊が出た折、ジュンク堂で手に取って面白そうなので読みたいな、とは思いつつ、未だに入手していない怠け者なのです）。詩集に『イミタチオクリスチ』『衣装』などがある。印象ではレベルが高いが、私には少々難解な詩集に見える。正津氏の本の拾い読みによれば、詩の方法論やリズムなども深く追求した詩人のようだ。

角田氏にこれほどまでに称讃された汐見由比さんの元の詩がどんなものなのか、ぜひ読みたくなった。幸い、号数も示されているので『アリゼ』を所蔵する図書館へコピーを依頼してもよいのだが（今想えば）、そのとき、ふと思いついたのが、以前、詩集『船着場』（湯川書房）を読んでとても気に入り、ファンレターを出し、お便りとともに他の彼女の詩集もいろいろ贈って下さった『アリゼ』同人でもある神戸の詩人、在間洋子さんにその作品のコピーをお願いすることだった。在間さんは、義父の臨終の際の義母との宴を描いた作品、「宴」で伊東静雄賞奨励賞を受けている。いただいた著書の一冊『キューリの結婚――詩と随筆』などにとても感動したものだ。とくに夫婦関係のあり方を探った随筆は奥が深い。

在間さんからのお返事には、旧い号なので自分は持っていないが、友人の同人にいろいろ当り、相野優子さんが持っているので頼んでおいた、とあった。本当に親切な方である。まもなく、相野さんから、そのコピーと、おまけに御自分の詩集『ぴかぴかにかたづいた台所になど』（ふらんす堂）も贈って下さった。これも、とてもいい詩集で、以倉紘平氏

のオビ文が付いている。汐見さんには、許可を得ていないが、ここは全文、引用すること
をお許し願いたい。

京都駅31番ホーム

特急電車のベージュの車体が
ゆっくりと入ってくる
ぷっくり膨らんだつややかな体の
背中にどっさり雪を乗せて

日本海の駅で泊まり
昨夜の雪をそのまま乗せて
先が見えないほど
降りしきる中を
黙々と走って来た

朝一番の人々を運んで

若いわたしが
完全武装で駅に着く
傘の雪を払い
コートの雪を払い
靴を履き替え
雪が吹き込むホームに並ぶ
薄汚れた朱いディーゼルが入って来て
やっと座席にありついて
見知らぬもの同士会釈し合えば
列車の窓は人いきれでくもっている
安堵感が車内に広がり
行商のおばさんの
声がひびく

ドアが開いた
朝の顔が降りて来る

如何だろうか。この詩の本文自体、冬の雪ふる京都駅の31番ホームにゆっくりと入ってくるディーゼルの車体や車内の人々の情景が目に浮かぶように活写され、まるで映画の一シーンを見るようだ。それゆえ、素人の私としては表題と本文を逆転させるという視点はいささか極論のようにも思える。それでも、こういう発想があり得る、というのは新鮮で、今後、詩を読む上でも一寸念頭に置いておこうと思ったものである。

なお、この詩の作者、汐見さんがどんな詩人なのか、その略歴、詩集など知りたいが、今のところ、殆んど情報がない。ただ、私のもっている『アリゼ』87号には「わが街(四)」と題する詩を寄せているし、91号には桃谷容子への追悼詩「鉛筆書きの」が載っている。この詩では、かぐや姫みたいに月へ帰っていったおしゃれ好きの桃谷さんがドレスアップして宴に参加し、お父様やお母様にもお会いになれたでしょう、と想像を巡らした上で次のような印象深い詩句で結んでいる。

桃谷さん
生まれ変わってもあなたは詩人ね
校正者泣かせの　鉛筆書きの
くせの強い字もそのままで

次に私が持っている122号（二〇〇七年）や137号（二〇一〇年）には同人名簿にもう載っていない。何らかの事情で脱会されたのだろうか。

＊

『タイトル読本』の収録エッセイをほぼ全部出版社へ送ってから、しばらくたって編集部の方から、現在、若い読者の間では文豪本ブームで（マンガの影響もあるようだ）よく売れているので、もっと文豪の書いたエッセイも入れてほしい、という要望が再三あった。文豪の定義もあいまいだが、要するに近代文学史に残るような著名な文学者たちのことだろう。そういう現象があることは私も知っていたし、なるほどなとは思ったが、収録エッセイを蒐めるだけでも苦労して二、三年はかかっているので、これから新たに探す余力はもはやない。それに私の乏しい読書経験で一寸ふり返ってみても、文豪の随筆集にわずかに題名にふれられているものはあっても、そのテーマで正面切って書かれたものはごく限られていると思う。もっと詳しく調べるには図書館に行って、各作家の個人全集の随筆の巻を隅なくチェックする必要がある（それも収穫があるのかどうか分らないが）。老体にはいささか酷な注文であった。

結局、本には堀口大學、林芙美子の随筆を収録できただけであった（佐藤春夫の「書かざる著書二冊」もあったが、なぜか編集部の意向でカットされてしまった）。その代り、解説では、私の探書で見つけた、多田道太郎のエッセイから教えられた漱石の『門』の題名のいきさつや船山馨の長篇エッセイに出てくる、椎名麟三が『永遠なる序章』に決めたエピソード、広津和郎の『年月のあしおと』にある大正の早稲田派の同人雑誌が『奇蹟』に決った瞬間の面白いエピソードを紹介している。

出版後もこの種の探索を続け、日夏耿之介の短文「題名考」、尾崎一雄の「表題名懸賞募集」、高橋新吉の「書名のことなど」を見つけたので、もし続篇をどこかから出せることになれば、収録したいと思っている。

さて、コロナ感染がまだそれほど拡大していなかった頃、三宮センター街にあるブックオフで、ふと今まで知らなかった出版関係の本を見つけた。和田文夫・大西美穂『ただしい編集』（ガイア・オペレーションズ、二〇一四年）である。和田氏は奥付によれば、一九五四年生れ。ドイツ語専門出版社、三修社に入り、一九八三年にフリー編集者に。九八年から英治出版に参画。その後二〇〇三年に独立し、ガイア・オペレーションズを設立している。同社から小説『キリエの誕生』も出しているから、文才のある人である。だからこれは自社出版の本なのだ。共著の大西さんも英治出版にいた編集者で、現

在はガイア・オペレーションズで働いている人の由。カバーが面白く、白地にタイトル文字と章の項目だけ印刷されているが、『ただしい』の〝だ〟に校正の朱〝の〟が入り、『たのしい』となっている。まだ全部を通読していないが、編集、DTP、校正、装幀、未来の章に分けて、主に和田氏が御自分の経験を交えながら、本づくりのノウ・ハウをきわめて

実践的に語っている。類書にない親しみ深い語り口の内容で、駆け出しの編集者に大いに参考になる本だと思う。

一〜三章末に収められているゲストとの対談も面白い。とくにデザイナー、大森裕二氏の、一部の目次無用説にはハッとさせられる。

各章ごとに、氏の推薦する参考図書を紹介しているが、校正の章で、私の『誤植読本』があげられていないのは少々残念ではある（本書以前に出たちくま文庫版の元本、東京書籍版の本はすでに二〇〇〇年に刊行されているので……）。まあ、おめがねにかなわなかったのだから仕方がない。

その第一章〝編集〟の初めに「書名がすべて」と題する一篇が載っており、のっけから漱石のタイトル付けについて書かれているのだ。次に引用しよう。

〝文芸ものなどは著者がつける場合が多いような気もするが、夏目漱石などは書名に執着はなく、いいかげんにつけていたらしい（筆者注・たしかに『門』もそうであった）。明治四十五年（一九一二年）の元日から朝日新聞に連載された『彼岸過迄』の初回に、漱石はこう記している。

「「彼岸過迄《ひがんすぎまで》」といふのは元日から始めて、彼岸過迄書く豫定だから単にさう名づけた迄に過ぎない実は空《むな》しい標題《みだし》である。」〃と。

私はお恥ずかしいことに、大学の教養部国文学の授業で『それから』をテキストにした講義の折、義務的に読んだ位で、漱石の小説も殆んど本格的に読んだことがない。難しく、憂うつ感ただよう小説だな、という印象しかもたなかったことを憶えている（むろん当時、未熟な読者だったからだが。漱石ファンに怒鳴られそうです）。だから、この一節も初めて知ったのである（私は昔、学芸書中心の出版社だから辛うじて入れたが、文芸出版社なら、はなからアウトだったろう）。

和田氏はどうすれば、編集者がよい書名をつけられるのかと問い、
「何万字もの文章で構成された作品の最も深い底に横たわっている一言はなにか。すべての文章が収斂してゆく磁場の中心に置かれた一言は、なにか。

著者の願い、その作品の願いとは、なになのか。」

これらを念頭に置きつつ、「肩の力を抜いて、ゆっくり、たのしみながら、その一言を探しあてたい。」と述べている。なるほど、タイトルとは何か、についての見事な表現だなぁ、と感心した。ただ、小説などは殆んどが著者の命名が優先されるだろうが（かけだしの著者は別にして）。

氏は他に、タイトルを見ただけで引きこまれて買ってしまう作家として、片岡義男をあげている。例えば『10セントの意識革命』『人生は野菜スープ』『いい旅を、と誰もが言った』『ラジオが泣いた夜』など。たしかに意味はもうひとつ分らないが、読者にいろんなドラマを想像させ、読みたい、と思わせてしまうタイトル群である。

＊

私が平田俊子という詩人、小説家の仕事を知ったのは比較的最近のことである。たぶん、均一本で入手した清水哲男の『現代詩つれづれ草』（新潮社、一九九三年）の中に収録されていたエッセイ「自由からはほど遠くなった〝自由詩〟」で平田さんの詩一篇が紹介されていたのを読んだのが最初だったと思う。

「SITUATION　NORMAL」という作品で、新大阪から新幹線に乗った私が名古屋あたりまでの、となりの乗客やら沿線の情景などを次々と連想ゲームのようにことばをばんばん繰りだし、つなげてゆく六頁にわたる面白いものであった。清水氏は「（前略）平田俊子は、期待の若き書き手である（筆者注、これは当時の評価で、現在では評価の定まった人気のある詩人である）。私としては、いまのこの国で〝自由詩〟にふさわしい作品を書ける数少ない詩人のひとりだと思っている」と述べている。

なお、この本は三十三人の詩人の現代詩を紹介しながら、清水氏の様々な思い出も自由に綴ったもので、氏が芸術生活社をふりだしに、河出書房、ダイヤモンド社と転々とした編集者時代のエピソードなどもあちこちに出てきて、私にとって興味深い本である（これについては別稿で書けたら、と思いますが……）。

その次に出会ったのが、昨年（？）〝神戸現代詩研究会〟が主催して毎年一回催される特別講演会、「詩のフェスタひょうご」のことを、当日司会される詩人、尾崎美紀さんから知らされ、元町の県民会館へ出かけた折のこと。招かれて講演したのは、大へん人気の高い詩人、エッセイストの伊藤比呂美さんで、その講演も奔放自在な語り口で面白く、パフォーマーとしても見ごたえがあったが、その後の対談相手として登場したのが平田俊子さんであった。伊藤さん相手に互角に渡り合う、ことばのキャッチボールを見物し、やはり平田さんも相当な詩人だな、と感心したものである。

前おきが長くなったが、ここからタイトルの話に入ろう。私はそれ以来、古本屋やブックオフで出来るだけ平田俊子の本を探すことにした。手に入れたのはまだ数少ないが、詩集『詩七日』『（お）もろい夫婦』『手紙、のち雨』、エッセイ集『きのうの雫』などである。

さらに『タイトル読本』の収録エッセイを探しているうち、大阪の四天王寺の古本祭りで見つけたのが『現代詩手帖』の充実した特集「タイトル論」の号（二〇〇六年三月号）で、沢山の詩人が書いた各々面白いエッセイの中に、平田さんの「お多福。」があった（ちなみに、この特集からも数篇選んで収録したかったのだが、雑誌編集部に遠慮して断念したのは残念である）。

ここでも平田節が健在で、まず私がインフルエンザにかかったことから語り出し、次々に連想してゆく。『野生のエルザ』、インフェルノ、淫蕩、淫フルエンザ……などなどと。

さらに「『さよならインフルエンザ』って、詩集のタイトルにどうかしら」と自問し、そこから『さよならコロンバス』『チップス先生さようなら』、高橋源一郎『さようなら、ギャングたち』、映画『地雷を踏んだらサヨウナラ』などを次々にあげ、「「さよなら」という言葉とカタカナは相性がわりにいい気がする。「さよなら」の放つ湿り気をカタカナが吸い取ってくれるのだ。」とも。なるほど！　詩人の考察は鋭いと私は感嘆する。そういえば、私が前著『雑誌渉猟日録』で紹介した神戸の詩人、画家でボローニア絵本原画展など様々な企画を多数プロデュースした三浦照子さんも、印象深い短篇小説集『さよならボローニャ』を出している。

それから、またインフルエンザに戻り、『おたふく風邪』にもだんだん愛着がわいてきて、詩集のタイトルに悪くないかもしれない、などと語る。最後に自分の詩集タイトルにも話が及び、私は偏屈で、ネガティブ志向なので『手紙、のち雨』とか『きのうの雫』とかつけたが、友人から前者は『手紙、のち晴れ』読んだよ、後者は『あしたの雫』も読んだよ、と言われたという。ともかく連想につぐ連想で一気に読ませる軽妙なエッセイである。

私が入手した『(お)もろい夫婦』は、平田さんが離婚に至るまでの別居夫婦の諸相の実録を赤裸々に劇画風に詩や散文に表現した面白いもので、カバーもあの蛭子能収が、夫婦げんかで妻が夫に卵を投げつける様を描いたマンガをあしらったもの。カバー裏にも四コマ漫画がある。タイトルの(お)を除くと、「もろい夫婦」になるという、前代未聞のつけ方だ。

もう一冊の『詩七日』は『現代詩手帖』に連載したものだが、あとがきにこう書いている。「二〇〇二年一月より毎月七日を「詩を書く日」と決め、執筆にあてることにした。連載タイトルは『詩七日』。しなのか、と読む。七日に書くという設定に加え、デビュー以来、「これが詩なのか」といわれてきたことに由来する」と。

ほう、そうなのか。タイトルにもことばの二重性が潜んでいるとは、意外であり、愉快ではないか。本書は萩原朔太郎賞を受けている。

平田さんはどうやら〝タイトル〟についてずっと関心をもっている方らしく、エッセイ集『きのうの雫』でも「大蟻」と題する一文を書いている。彼女が今度出す詩集のタイトルが決らず、いろいろと思案するのだが、やはり次々とだじゃれの連想でタイトルが浮んでは消える。あげくの果て、「題なし」ではまずいので、「『ダイアリ』としよう、しかし、片仮名だと「日記帳」みたいだから、『大蟻』にして「ダイアリ」と読ませよう」、と。これはむろん、タイトルにならなかったようだ。文章全体が冗談のような愉快なエッセイである。恐れいりました。本書は全体に実にユーモアに富んだ、読ませるエッセイ集であり、中には、自分が八十五歳時、無理心中で死んだ（？）という死亡記事まで書いていて、笑わせられる。『手紙、のち雨』にも、冒頭に、ズバリの「タイトル会議」という面白い詩が収められている。私はもし『タイトル読本』の続篇が出せたら、この二篇をぜひ収めたいと思っている。他にも意味は不明だが、奇妙なタイトルの詩集『ラッキョウの恩返し』『アトランティスは水くさい』も出している。タイトルの不可解さに魅かれ、どんな詩集かとのぞいてみる読者も多いのではなかろうか。

（二〇二〇年四月二六日）

〔付記〕

ここでは、タイトルというテーマに絞って書いたので、平田さんの数々の機知とブラックユーモアに富んだ愉快な詩については紹介できなかった。興味をもたれた読者はぜひ彼女の詩集をひもといて下さい。

＊

コロナ感染が怖くて、殆んど自宅にこもっているが、食料調達だけは必須で、毎日、ごく近所のコンビニに出かけている。その折、活字のコロナ情報も得ようと、夕刊紙もよく買ってくる。先日、読んでいたら、短い新刊案内に、宇留間和基『編集の教科書』（リーダーズノート出版）が出ていた。著者や出版社名も私には初めてであった。読んでみると、編集で一番大事なものは「タイトル」で、何とそれに50頁も費やしている、とあるではないか。「ほう！」と私は驚き、早速、最寄りのＪＲ六甲道駅すぐにある書店に出向き、書店になかったので注文した。

四日後位に受け取った本を見ると、まず広い幅をとったオビのコピーが面白い。大きな活字のキャッチコピーが二行で「朝日新聞社で／最も軽いと（以下小文字で）言われた男がつくった……（以下略）」となっている。オビの右端には著者のカラー写真も載っている。一寸人を食った、ユーモラスな表現だが、中身はどっこい、軽くないぞ、という逆説的著者ＰＲであろうか。

奥付によると、宇留間氏は朝日新聞社に入社後、二〇〇三年から「ＡＥＲＡ」編集長を三年務めた人で、その後朝日新聞社社長、日刊スポーツ新聞社常務を経て、現在はネット配信会社、ジェイ・キャストでニュース編集長を務めている人という。すごい経歴をもつ人なのだ。

まだ前半を拾い読みしているだけだが、確かに第一章は〝編集の核心「タイトル」〟と題し、20回にわたり、タイトルづくりのノウハウをあれこれ語っていて面白い。宇留間氏は旧約聖書の各一節を取り上げ、タイトルづくりの型を示して、読者にタイトルづくりの練習をすすめている。その型とは直球型、ディテール型、隠すタイトル、並列、対比型、問いかけ型、脅し型、読者挑発型、引用型……などなどである。これらを逐一紹介していたら、あまりに長くなるので省略し、詳細は本書を読んでいただくしかない。ただ、〝引用型〟は私が別稿で仮に名づけた〝借用型〟に当る。例えば、氏は『週刊朝日』でキャンペーン記事を書いた折、連続タイトルとして「踊る大総裁選」としたが、これはむろん映画「踊る大捜査線」をもじったのだと言う。あと、「〜の真相」「〜の正体」「〜の理由」「〜の秘訣」などは「隠すタイトル」で、本文をぼかして、読んでもらおうと狙ったものという。私も昔、深層心理学の企画で、「創造の秘密」など考えたことがあるのを憶い出した。

読んでみると、読者対象の大半は、雑誌や週刊誌、ネット配信誌の編集者向けで、書籍編集者向けには書かれていない（むろん共通するところもあり、応用は可能だが）。

直球型はもっともよく見られるもので、AはBである、という単純、明快、分りやすいもの。このズバリのタイトルとして、山際淳司のノンフィクション作品『江夏の21球』があげられている。これは見事なタイトルだ、と私も思う。

もう一つだけ具体例を紹介しておこう。氏は『AERA』の編集長も三年間務めたが、この誌名は、眞木準氏という若くして亡くなったコピーライターがつくったのだという。眞木氏はヒットした名コピー「でっかいどお。北海道」の作者でもある。ただ「AERA」以外の候補名も一〇〇以上（！）あり、決めるのに三ヵ月はかかったそうだ。「AERA」はラテン語で、調べてみると、「時代」という意味だという。一読者から見ると、失礼ながらそれほど人を引きつけるネーミングでもないように思われるのだが……。「コアラ」を連想させはするのだが（笑）。

他の章も「編集と企画」「編集の発展」「編集の世界観」が取り上げられており、これから読むのが楽しみである。

（二〇二〇年五月十日）

＊

最後に、最新の情報も一つ紹介しておこう。

兵庫県でもコロナ感染者が大分減ってきて、緊急事態宣言も解除された頃（まだまだ油断は禁物だが）、ＪＲ六甲道すぐ近くにある書店に出かけた。新刊の文庫をざっとチェックしたあと、雑誌コーナーに回って眺めていたら、その中に『青春と読書』（集英社、二〇二〇年六月号）が一冊ポツンと置かれていた。これは出版社のＰＲ誌なので大書店なら、大抵無料でもらって帰れるのだが、と思いつつ、レジに持ってゆくと、若いバイトらしき女性店員は何も言わないので、仕方なく91円払って買い求めた（苦笑）。中身をのぞくと、私が直木賞の『ホテルローヤル』など数冊、面白く読んだことがある作家、桜木紫乃さんの新刊、『家族じまい』を紹介するインタビューが載っていたからである。

早速、帰宅して読んだが、インタビュー自体、大へん興味深いもので、この新刊、いずれ読んでみようと思った。小説は五章から成り、各々視点人物が違うが、ある家族を軸にした連作物語である。五人の視点人物は全員、紫乃さんの内側が投影されたものという。

それはともかく、冒頭に語られているタイトルの話にとりわけ興味を引かれた。『ホテルローヤル』の担当編集者から、〝ホテルローヤル〟のその後を書きませんか、と言われたのが本書を書くきっかけになったという。その後の家族の形を書いてみないかと直球を投げかけられ、担当編集者とウンウン唸りながら打合せしていた。その折、編集者から「墓じまい」という言葉があるなら、「家族じまい」もあるんじゃないか、と言われる。彼女もこれはいいタイトルだ！　と思い、このテーマで書いてみたいと思ったそうだ。「終わりを意味する『終《しま》う』ではなく、ものごとをたたんだり片付けたりする『仕舞う』ですね。そういう気持で書き始めました」と。

小説のタイトルは大抵が、作家がウンウン唸った末に、あるいは一瞬のひらめきで生み出すものだが、この場合は、担当編集者の思いつきのアイデアがヒントになって、タイトルが生まれている。たしかにまだ誰も題名に使っていない言葉であり、読者を一ぺんに引きつける迫力がある。「家族じまい」もこの小説をきっかけに、今後、有吉佐和子の『恍惚の人』などと同様に、世の中で流行する言葉になってゆく予感さえ抱かせる。

凄腕の文芸編集者の存在を改めて感じさせられたエピソードであった。

そういえば、桜木さんは無名作家志望者の原稿をねばり強く待って書かせ、世に出してくれた厳しい女性編集者との長年のかかわりを描いた小説『砂上』も出している（私としては、三度も非情に書き直しを命じるこの編集者にはあまり共感できないが……）。これは御自身の体験が多少ベースにあるのではないかと思われる。編集者の力や助言を信頼している作家の一人であろう。

ちなみに、私は以上の原稿を書いてすぐに思いたって、桜木さんの『蛇行する月』（双葉文庫）と『星々たち』（実業之日本社文庫）を続けて読んだ。いずれも、北海道を舞台に過酷な運命を受け入れ、懸命に生きる女性たちを描いた連作短篇集で、その哀切きわまる物語に、私は二、三度落涙しそうになった。その繊細で迫力ある描写力には舌を巻くばかりだ。

（二〇二〇年五月二十日）

＊

コロナ緊急事態宣言がようやく解除されて数日後、私は神戸、元町に出かけ、かねて花森書林さんから知らされていた、最近、高架下から移転して元町商店街のビル――神戸古書倶楽部すぐ隣りにある――の二階に店を開いているマルダイ書店を初めてのぞいた。以前の店の在庫本も多かったと思うが、棚の配置が違うので新鮮に見える。数人の古本ファンが熱心に本を漁っている。レジの向うにも割と広い空間があり、そこの棚にも本が詰っているので、見せてくれないかな、とは思ったが……（ムリな話ですな）。

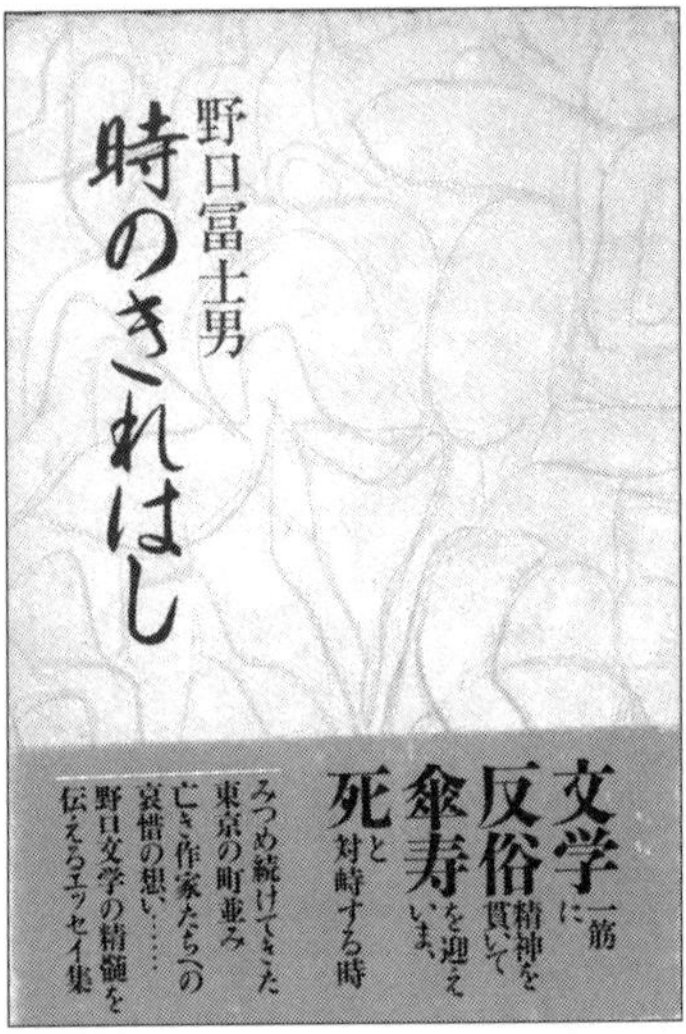
野口冨士男
時のきれはし
文学一筋に
反俗精神を貫いて
傘寿をいま、迎え
死と対峙する時
みつめ続けてきた
東京の町並み
亡き作家たちへの
哀惜の想い……
野口文学の精髄を
伝えるエッセイ集

　ゆっくり、ざっとひとわたり見て回ったが、小説や文学書のコーナーに、野口冨士男のエッセイ集『時のきれはし』（講談社、一九九一年）を見つけた。これは物忘れのひどい私にしては、妙にはっきり覚えているのだが、梅田、東通り商店街に昔あった末広書店の地下を閉店間近の頃にのぞいた際、本書を見つけたものの、懐ろ具合いの都合で買い逃してしまった本なのだ。見ると函や帯も付いて、千円なので、喜んで買い求めた。

　私は以前、一時、野口氏の小説やエッセイ集を熱心に蒐めていたことがあるが、それほど沢山読んでおらず、処女作『風の系譜』や『わが荷風』なども未読である。ただ、戦前の紀伊国屋出版部に勤め、『行動』の編集者をしていた頃の野口氏については、私の『古書往来』中の「豊田三郎と紀伊國屋出版部」でもふれており、親しみを抱いている。エッセイ集も、東京の街歩きを交えた回想記など、実証的でとても読みごたえがある。そういえば、氏が戦時中、反時代的な文学グループの一員だった〝青年芸術派〟についても、私は『古本が古本を呼ぶ』で書いている。

本書はあとがきによれば、著者、八十歳の折に出された第五エッセイ集で、おそらく氏の遺稿エッセイ集ではなかろうか（氏は本書出版の三年後、一九九三年に亡くなっている）。

その後、自宅で折々に拾い読みしているが、味わい深い文章が多く、次々と引きこまれてしまう。とりわけ、Ⅳ章にまとめられた「文学者たち」では、各々交流のあった、または敬愛する文学者たち十四人の主に追悼文が並んでいて、実に読みごたえがある。磯田光一、宇野浩二、川崎長太郎、田宮虎彦、山本健吉、八木義徳氏との交友を通して各作家の知られざる側面も語られていて興味深い。

他の章でも、「『たけくらべ』論考を読んで」などは、12頁にわたる力作である。これは佐多稲子の提出した新説、主人公、美登利の「初店」＝処女喪失説に対し、ユニークな近代文学研究者、前田愛の「初潮説」を対比して紹介し、氏の体験や文献提示によって、説得的に佐多説に共感を示したもので、野口氏らしい実証精神に満ちあふれた好文章だと思う（ただ、私は前田氏のその論考も、不勉強で読んでいないのだが）。

私は本書を読み進めるうちに、引越しの際に野口氏の本の大方を処分してしまったのを後悔し――『感触的昭和文壇史』だけはまだ残しているが――、これからも氏のエッセイ集をぼちぼち見つけて再読してみよう、と思っている。たしか『作家の椅子』もウェッジ文庫で出ていて面白く読んだが、今は手元にない。

さて、長い回り道になってしまったが、ここからがタイトルの話である。野口氏は「宇野さんの初期作品」で、宇野浩二の初期作品、『苦の世界』『蔵の中』『子を貸し屋』等を、無類に面白い、と書いているのだが、その一文の最後の方に次の箇所が出てきたのである。「宇野さんはゴーゴリを好んで、著書ものこしているが、ドストエフスキーを英語から重訳してロシア文学には造詣が深かった。『子を貸し屋』などというやや風変りな題名も、ひょっとするとコーカサス南部すなわちコーカシアからの発想かもしれない」と。

私は前述の小文でも、文豪が直接、タイトルについて書いた随筆は数少ない、と書いており、これも宇野浩二自身の証言ではないのだが、もし野口氏の推測が当っているとすれば、実に愉快なもじり的タイトルの付け方ではないか、と思った。可能性としてはあり得る話であろう。

(二〇二〇年六月一日)

人文書院出身の編集者たち――樋口至宏、落合祥尭、松井純氏他

私は大阪の創元社で編集者として四十過ぎまで働いていたが、大きな病気を患い、入院して休職期間が二年近くにもなったので、やむなく退社となった。以後は細々とフリーの編集者として活動している（近年は殆ど仕事がなく、開店休業中ですが）。大学卒業後、一年間の銀行勤務を経て、幸運にも希望する出版社に入れ、苦労しながらも編集者としてそれなりに好きな本づくりに従事できたのは恵まれていたが、時々物足りなく思ったのは、東京の編集者と違って、関西では出版社そのものが数少なく、他社の編集者との交流、つきあいの機会がなかなかないことだった。

私は元々非社交的な人間なのだが、そんな私が在社後半になって、たまたま時々交流するようになったのが、京都を代表する出版社の一つ、人文書院の編集者、樋口至宏氏だった。私は当時、臨床心理学分野の企画を開拓し、とくにユング派の第一人者、河合隼雄先

生や樋口和彦先生の本を出版する機会に恵まれたので、その門下のユング派の心理臨床家たちに翻訳を依頼してユング心理学叢書なども企画していた。一方、樋口氏も人文書院で、ドイツ文学、思想、文化の好著を企画、担当していたが、フロイト著作集やユング・コレクションなどもドイツ語版からの翻訳で作られていたと思う。

どういうきっかけでお会いするようになったのか、もうはっきり憶い出せないが、たぶん人文書院の翻訳書の訳者あとがきで、樋口氏を知り、私の方から思いきってお便りしたのではなかったか。氏は快く応じて下さり、以来、私が仕事で京都に出かけた折などに数回はお会いし、親しく雑談を交した。共通の著作者たちの情報や翻訳作業の難しさやらを語り合った覚えがある。氏はさばけた感じの人で、私のような人見知り気味の者にも、うちとけて接して下さったのが有難かった。

そのうち、私は病気で創元社を退社することになり、樋口氏も時期は不明だが、人文書院をやめ、長野の鳥影社に移った。当時、息子さんの喘息治療に空気のよい長野を選んだと伺った記憶がある。人文書院でやり残した翻訳などの仕事もそこで引き続き、やられていたようだ。鳥影社は東京に編集部があり、長野から往来してそこで編集長として多忙に活躍されていたが、二、三年前（?）に定年退職された。しばらく交流は年賀状の交換だけだったが、数年前、私がアンソロジー『タイトル読本』（左右社）を企画した際、編集者の視点からのエッセイもぜひ収録したいと思い、昔つきあいのあった樋口氏にも久々に連絡して依頼したところ、快く引受けて下さったのである。出来上った原稿を拝見すると、「忘れられなかったり、恥じ入るばかりだったり」というタイトルの、人文書院時代のタイトル作りの打明け話を生き生きと綴った好文章で、さすがだと感嘆した。

取り上げた一冊は、日本独文学会でのシンポジウムを本にまとめた共同研究の成果で、樋口氏が苦心の末『ナチス通りの出版社』を思いついて決めたいきさつが語られている。もう一冊はドイツ語圏の現代女性作家たちの小説を日本の女性翻訳家たちが紹介するという企画で、これがポルノ性を含んだ内容だったため、タイトルに迷って追いつめられ、打合せ時の一寸したその場の空気から勢いで『したい気分』に決ったのだと言う。今では思い出す度に「恥じ入るばかり」のタイトルなのだ、と告白している（実に面白いエッセイなので、読者には『タイトル読本』で読まれることをちゃっかりお勧めします）。

樋口氏の文章力の妙は、実は意外でも何でもない。『タイトル読本』巻末の著者紹介で氏が自己申告した略歴中に、『僕たちの祭』で第31回文學界新人賞受賞、とあるからだ。私も近年の古本探索で、偶然、氏が若い頃、三人の同人とともに出していた大判の同人

雑誌『砦』２号（昭和四十四年）を見つけている。氏は一九四三年生れ、とあるので、それから計算すると、二十六歳時の作品であり、早熟の文才である。内容紹介は怠けて省くが、「遠い眺め」と題する二段組み23頁にわたる小説で、私のイメージとしては大江健三郎ばりの青春の放浪冒険物語だ。他にも『三田文學』や関西の文芸雑誌（誌名失念）で小説やエッセイを発表しているのを見かけたことがある。氏は最近の電話の話の中で、「今まで書いた小説を一冊位まとめて出したいのだが……」ともらしておられた。これはぜひ実現してもらいたいものである。私などより、ずっと文学的センスと筆力のある方だと思うから。

面白いことに、氏の息子さんは東京でＩＴ企業に勤めながら、最近新宿の西早稲田で古本屋も開業してなかなかいい本を扱っている（現在は古本屋専業）。私は氏から紹介され、引越しの折、蔵書の一部を何度か送って買い取ってもらい、お世話になった。親子二代にわたるご縁である。

さて、人文書院の元編集者ではもう一人、交流のあった人がいる。落合祥堯氏である。氏とはどういうきっかけで知り合ったのか、どうもはっきりした記憶がない。何かの編集者の会で紹介されたのかもしれない。古い住所録にも載っていて、私は新刊の古本エッセイ集を出す度、思い出してお知らせのハガキを出した。いつも暖かい励ましのお返事をいただき、二度程、自分が世話するので出版記念会を開きませんか、と御親切なお誘いをいただいた。私は拙い自分の本のために人前で晴れがましくスポットを当ててもらうのがどうも苦手で、二度とも断ってしまった。今でも申し訳なく思っている。氏は人文書院で編集部長として長年活躍の後、定年退職され、その後、新設の大阪大学出版会の編集長として迎えられた。氏の人文書院での編集実績が評価されたのだろう。私は数年前、フリーの仕事が少なくて困っている折、落合氏が見かねたのか、出版会から出す予定の〝生命倫理〟についての共著の学術書の編集、校正の仕事を与えて下さり、有難かった。その打合せに万博公園近くの出版会の事務所を一度訪ねたことがある。つねに穏やかな微笑を絶やさない人で、若い編集スタッフから慕われている様子が伺えた。

その後、数年、交流がなかったのだが、今年の一月、たしか神戸の「1003」で新

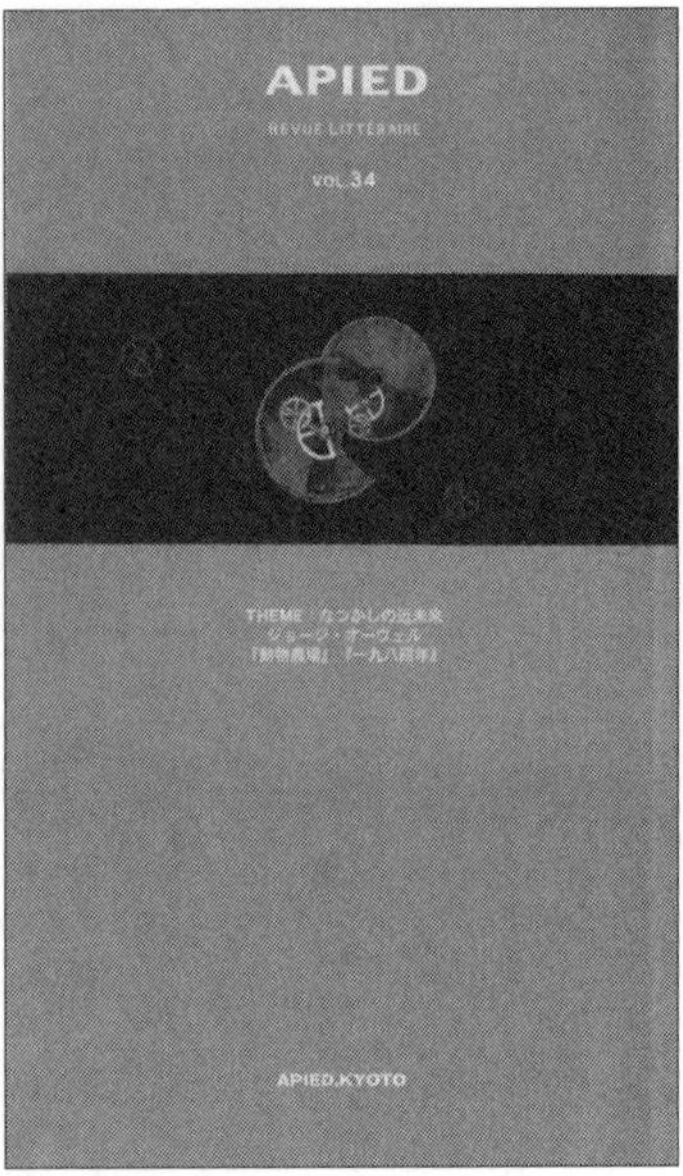

刊の文芸誌『アピエ』34号（二〇一九年十二月）を見つけたので、目次をのぞいてみた。『アピエ』は、京都から金城静穂さんが出している、レベルの高いエッセイ誌で、毎号注目を集めるテーマの特集形式で、俊英研究者や評論家、特集作家の愛読者などが各々薀蓄を傾けたエッセイを二段組みで三〜四頁載せていて読みごたえがある（金城さんも執筆）。これに連載で、山本善行氏も興味深い「善行堂通信」を寄せているので見逃せず、私はできるだけ入手している。おしゃれた縦長の判型で、毎号、表紙が旧知の山下陽子さんのおしゃれな銅版画で飾られていて魅力的だ。今号は「ジョージ・オーウェル」の特集である。その目次の中に、落合氏の「人間オーウェル」を見つけたのである（他にも『シネマ・アピエ』3号〈悪役スター〉の特集で、フェリーニの「道」のアンソニー・クイン扮するザンパノについて書いておられた）。私は早速買い求め、すぐに落合氏のエッセイから読んだ。広い視野からオーウェルの生涯

を簡潔に紹介した好文章であった。私は読後、思いついて落合氏あてに、一寸した感想や昨年出した『タイトル読本』のことなどハガキに書いて送った。ところがしばらくしてそれが戻ってきたので、転居されたのかと思い、今度は落合氏と交流があると思われる『アピエ』の金城さんにハガキで尋ねてみた。折り返し、お返事が届いたが、それを見て私はえっ、とショックを受けた。氏は数年前に転居されたが、二年近くの闘病の末、昨年十二月十七日に亡くなられたとのこと。「氏の遺稿を読んで喜んでもらい、感慨深いものがあります」ともあった。私はすぐに教えてもらった住所あてに奥さまにお悔みのハガキを出した。

奥さまからすぐにお返事が来て、それを読んでいるうちに胸がつまった。氏は死去の前日にも独りで外出して仲間に別れを告げていたので、奥さまも急死が信じられなかったと言う。「人間オーウェル」は苦心惨憺してやっと書けたよ……と笑っていた、とも記されている。病いで苦しい中なのでムリもないと思う。奥さまの最後の文面をここに無断で引用させていただくのをお許し願いたい。あのエッセイは「祥尭サンの、この世と人々への、切ない別れのことばのようにも思えます。高橋さんのことは時々話してくれました」と。これはいつまでも忘れられない、大切なおハガキになりそうである。私は氏にお世話になってばかりで、何もお返ししておらず、もっと生前、お会いしていろいろお好きな本の話など伺っておけばよかった、と後悔している。

実は、書いていて思い出したが、もう一人、人文書院の編集者がいる。電話と郵便だけでお会いできなかったと思うが、私がフリーで仕事を始めた頃、全国の古本屋店主のエッセイを集めたアンソロジー四冊を大阪の燃焼社から出し、その次に続けて同社から、『原稿を依頼する人　される人』（平成十年刊）という出版の原点をテーマとするアンソロジーを企画した。ここでも、著名な文学者の方々に執筆を依頼するとともに、二十人余りの編集者（著作家で元編集者の人も半数ほど含む）の方々にも執筆を依頼した。全部で67篇の殆んどが書下ろしの玉稿が集まり、よくこれだけ錚々たる人たちが快く書いて下さったものだと、今でも感謝している（どこかの文庫に入れて下さらないだろうか）。

編集者の方々も当時、面識がなかった人が殆んどで、文才ある人を探すのになかなか苦

労したのを覚えている。その中の一人が元人文書院の堀田珠子さんであった。堀田さんをどうして知り、依頼することになったのか、今ではっきり思い出せない。今回、確認したところ、創元社の先輩で同僚編集者だった正路怜子さんから教えてもらったのだと分った（彼女は関西の他社の女性編集者とも交流があり、堀田さんとも交友していた）。堀田さんは、「加藤一雄先生のこと」と題し、今でも熱烈なファンの多い、魅惑的な文体をもつ美術評論家、加藤一雄の自伝的長篇エッセイ、『蘆刈』——この本は現在、稀少本となっていて、古本屋でもめったに出ない——を手がけたいきさつや加藤氏とその奥様のおもかげを的確に描いて下さった。堀田さんは詳しくは知らないが、人文書院で文学、美術分野の本を企画、担当し、例えば志村ふくみのエッセイ集『語りかける花』なども手がけている。何しろ、私が『編集者の生きた空間』で紹介したように、弥生書房を創業した津曲篤子さんがそれ以前、若い日に人文書院で四年間働いており、その後任として入ったのが堀田さんなのだ。また津島美知子の名著、『回想の太宰治』（昭和五十三年）もあとがきを見ると、直接の担当者は堀田さんだったようだ。本書は現在、講談社文芸文庫に入り、増補版で出ている。堀田さんと旧くから交流のある元・富士正晴記念館の中尾務氏（現在は退職）のお便りによれば、彼女も『バイキング』から分かれた同人誌『くろおぺす』などに若い頃、小説やエッセイを寄せている、と言う。中尾氏によれば、現在も高齢ながらよく記念館の講演を聴きに来たり、外国旅行に出かけたりと、すこぶる行動的でお元気とのこと、何よりである。

そうだ、京都の出版社といえば、以前はJR京都駅前にあったPHPの編集部にいた若林邦秀氏とも私がフリーになってから知り合い、梅田で一、二度お会いしたことがある。若林氏は、私も若い頃、書下しで『人間関係ゲーム』など書いていただいた今は亡きユニークな精神科医、頼藤和寛氏や私も存じているカウンセラーの方の一般向けの心の健康のハウ・トゥ本をいろいろ企画して手がけられていたので、話が合ったように思う。その後、東京、現在は鎌倉市へ移られたので、賀状の交換だけになったが、『タイトル読本』の企画時、久々に連絡し、執筆をお願いした。氏は「タイトル会議の風景」と題し、PHP時代のタイトルをめぐる編集長との議論のエピソードを面白く描いて下さった。やはり文才のある方である。氏は略歴によると、一九六五年生れ。PHP、PHPエディターズのスタッフとして二十年働いた後、二〇一一年退社し独立。現在は自称〝書き編み師〟(編集の分るライター)として、様々な雑誌、本の編集、執筆を行なっている。

ここから、わがお得意の〈追記〉的体験を書いておこう。三月初め、梅田で友人と会った後、例によって茶屋町のジュンク堂書店に出かけた。いつものぞくとじっくり観測するのは二階の〈書物論〉のコーナーだが、その前に一階の雑誌コーナーで、『本の雑誌』新号や書評紙『読書人』『図書新聞』など立ち読みでチェックする。今回、『図書新聞』三四三八号（三月七日発行）が出ていたので何げなく手に取って見てみると、最終面に〈追悼　松井純〉とあり、二人の方が追悼エッセイを書いているのが目についた。松井氏は全く知らない方だが、ざっと拾い読みしたところ、編集者の方らしい。これは読まなければ、とすぐにレジに持っていった。早速、帰りのＪＲの車中で読み始めるや、アッと驚いた。本紙編集部、米田網路氏の文章によると、松井氏もしばらく人文書院にいた名編集者だというのだ。

米田氏がまだ二十代の頃、一九九七年冬に京都三条の喫茶店で、落合祥尭氏（！）に紹介され、同世代の松井氏と初めて会った。落合氏が池田浩士氏たちの共同研究『ファシズムの想像力』（一九九七年）を手がけて出した頃だという。松井氏はそのとき、人文書院で『シュルレアリスム』を作っており、その造本上の苦労を熱心に語った。「彼は田村義也とはまた違う〝装丁編集者〟だった」と。続いて出したミシェル・レリス『ピカソ　ジャコ

メッティ　ベイコン』（同年）の装丁もしている。初めて松井氏と会ったとき、米田氏は恩師の平田達治氏たちの『ナチス通りの出版社』を持ってゆき、その編集者、樋口至宏氏（！）の仕事に言及すると、松井氏も樋口氏の本作りに深く敬意を表したのが印象的だった、と書いている。私も交流させていただいたお二人が一文中に共に出てくるとは！　松井氏はその後、東京の神保町の出版社に移ってますます仕事をしたが、その後殆んど会っていないという。ただ、『図書新聞』書評用の献本はあり、いろいろやりとりがあった。

続けて、〝共和国〟という、いつ潰れてもおかしくないと言う絶滅系出版社（自称）の社主である下平尾《しもひらお》直《なおし》氏の追悼文も読んだ。二人は同学年で、大阪から出てきた下平尾氏がそれまでも深い関係だった旧友、松井氏に葉書を出したのがつきあいの再開だった。「それ以後、かれの仕事がわたしにとっての目標のひとつになった」と記している。会うと、「またおまえの本に誤植があったぞ」と言うのが松井氏の常套句だったという。それだけ、おそらく献本された〝共和国〟の本も読み込んでいたのだろう。二人で、神保町で飲んだとき、「本屋をやりたいから相談に乗ってくれないか」と言われたこともある。下平尾氏は松井氏が「本当は研究者になるか、あるいは独立した生き方を選びたかったのではないか」と思っていたという。「仄聞するところによれば、最近も月に七点の仕事を抱えていたという」とも。それだけ、企画力が旺盛だったのだろう。ただ、これは相当な激職である。私など、創元社にいた頃、精々一年に八、九冊つくるのが限度だったから。想えば、書籍編集者にとってまだのんびりした時代だった。現在は各社とも点数を増やす傾向にあるので、ますます多忙になっているのかもしれない。松井氏は惜しくも五十二歳で亡くなった。

二つのエッセイをいささか興奮気味に読み終えたが、松井氏が東京のどこの出版社で働いていたかが書かれていず、分らない。それで私は思い切って、また樋口氏に久々に電話をかけて尋ねてみた。樋口氏はもちろん、松井氏の早い死をご存じで、すぐ答えていただいた。そのお話によれば、松井氏は樋口氏と入れ違いに人文書院に入社し、美術や思想全般の良書を手がけた。ＯＢ会で知り合い、その後は東京で時々交流があったという。松井氏が働いていたのは〝平凡社〟であった。なるほど、松井氏にふさわしい職場だな、と思う。実際平凡社の編集者には、研究者レベルの人が少なくなく、私がわずかに交流のある川添裕氏や石塚純一氏も、後に大学教授になって活躍され、著作も出している。樋口氏が手がけていたドイツの作家、マルティン・ヴァルザーの翻訳五冊が事情で出せなくなったので、松井氏に頼んで平凡社から出してもらったこともあるそうだ。樋口氏もすぐれた編集者の早すぎる死を惜しんでいたのは言うまでもない。私はせめて今後、書店や古本屋で平凡社の本と出会ったら、あとがきの謝辞で、松井氏の名前が出ていないか、チェックしたいと思う。落合さん、そして松井さん、長い間ご苦労さまでした！

（二〇二〇年三月十日）

〔追記1〕

私は前述の追悼記を書いた下平尾直氏がやっている〈共和国〉なる出版社を知らなかったので、スマホのグーグルで、一寸検索してみた（この二月に長年使っていたガラケーをやめ、ようやくスマホに変えたのだが、未だに使い方がよく分らず、失敗ばかりしているが）。それによると、下平尾氏は一九六八年生れで、京大大学院人間・環境学研究科博士課程を退学。六年程、水声社編集部に勤めた後、独立して二〇一四年に、ひとり出版社〝共和国〟をスタートさせたという。創業時、まずアメリカ文学者、都甲幸治のブックガイド『狂喜の読み屋』、藤原辰史『食べること考えること』を出版した。お二人は水声社でも本を手がけた著者のようだ。前者は私も本屋で一寸のぞいたことがある。出版方針としては、キーコンセプトが「文化批判」で、現実適応のガイドでなく「反世界」を追求する書物のオリジナル空間を〈共和国〉と呼ぶようだ（ごく簡単に要約すれば）。京大出身の新しい柔軟な知性を備えた編集者のようで、今後の健闘を大いに期待したい。

（二〇二〇年三月十一日）

〔追記2〕

コロナで緊急事態宣言が出て以来、怖くて極力外出しないようにしている。そんなある日、本棚に横に積んでいる、ある雑誌を再見の必要があったので探したが、いっこうに見つからなかった。ただ、その一山の中から、ユニークな芸術批評誌『ＲＥＡＲ《リア》』32号（名古屋刊、二〇一四年八月）が出てきた。どこの古本屋で見つけたのか、覚えていないが（花森書林かもしれない）、「本をとどける」という特集で面白そうだったので入手したのだ。しかし、神戸へ引越して以後、ろくに読みもせず、積んだままだった。一寸読んでみようと、のぞいてみると、その中に、水声社社長、鈴木宏氏へのインタビュー記事が18頁にわたって載っていたのである。水声社といえば、前述の下平尾直氏が六年程いた出版社だ。私はその社名は知っていたし、美術、思想、哲学系の、青土社とどこか共通するイメージをもったマイナーな出版社ではないかと思っていた。しかし、その社の実態や出版物などは具体的に殆んど知らなかった（唯一、雑誌『水声通信』の一冊を入手して読んだことがある位である）。それで、早速興味深く読み、分ったことをかいつまんで報告しておこう。

鈴木宏氏は一九四七年生れなので、私と一歳違いである。東京都立大学でフランス文学を専攻。同人雑誌をつくり、詩を書く文学青年だった。卒業して『幻想と怪奇』の編集を手伝っていたので、その責任編集者、紀田順一郎氏と荒俣宏氏が〈世界幻想文学大系〉というシリーズ企画を立てた折、国書刊行会へ企画と一緒に鈴木氏を押し込んでくれたという。同シリーズを四十五巻、並行して日本で初めての〈ラテンアメリカ文学叢書〉もつくった。シリーズはどちらも好評だったが、それでも初版は二千～三千部で、まれに増刷したという。国書刊行会に七年程いて独立し、神田で〈書肆風の薔薇〉を創業した。最初の出版は大岡信『加納光於論』、次が中村真一郎『小説構想への試み』、さらに宮川淳の遺作『鏡・空間・イマージュ』など三冊を復刊した。当初は東京芸大出身の女性と二人でやっていた。社名が分りにくいというので一九九一年に「水声社」に変更する。水声社からは荒川修作や高松次郎、白川昌生など世界的な美術家の著作や、鈴木氏が傾倒するマラルメ関係の出版、また氏が殆んど担当したシュタイナー教育関係のものなど出しているという（各々の出版のいきさつを語っているが省略）。現在の社員は十二、三人とのこと。氏は「我々の会社は、外からみれば、『いまにも倒産しそうな零細出版社』（笑）にみえているのではないか」と語っている。たしかに、失礼ながら出版物のラインアップを見ても、シュタイナー教育関係以外はそれほど売れそうにない出版が多いようだ（むろん一部、熱心な読者ファンもいると思うが）。それでも続いているのは大したものである。

このインタビュー中、一ヵ所、気になる発言があった。日本では翻訳出版で編集者が原書を自分で読んで企画し、訳者に依頼するケースは殆んどないが、「ぼくの知る限り、例外はひとりだけです。彼はフランス語で読んでから出版していました。驚くべき（？）人です」と。

名前を示していないが、この人はひょっとして、前述の早逝した名編集者、松井純氏のことではなかろうか。鈴木氏にぜひ伺ってみたいものである。

松井氏を敬愛していた下平尾氏が水声社に六年程いたから、平凡社にいた松井氏のうわさは鈴木社長にも伝わっていたのではないか（勘ちがいなら、ごめんなさい）。

（二〇二〇年四月十七日）

〔追記３〕

別の原稿を書くのに必要になったあるコピーを本棚のあちこちに横積みにしてあるコピーの山から探していたら、ひょっこり前述の樋口至宏氏が書いた中篇小説「帰り来る者」（『三田文学』昭和四十二年四月号）のコピーが出てきた。どうもはっきり思い出せないが、私は『編集者の生きた空間』（論創社）で、山川方夫の『三田文学』編集部時代のことを書いているので、その当時の『三田文学』を古本展などで漁ったことがあり、その中の一冊に樋口氏の小説が載っているのを見つけ、これは珍しいとコピーしておいたものらしい。ただ、これも積ん読のままになっていた。

今回、よい機会なので、ざっと通読してみた。簡単にあらすじを紹介しよう。これは一組の若い夫婦の物語である。妻である私も働いていたが、夫が突然会社をやめてしまい、家で、妻が決める一日の予定表に従って生活するようになる。そして、妻の会社に度々電話してきて一日の行動を逐一報告するのだ。妻も仕事中なので困ってしまい、今度は犬や鳥を飼うが、これも長続きしない。そのうち、共通の旧友と妻との仲を疑ったり、妻の母と会ったのに覚えてなかったりと、不審な行動をとり始める。どうも精神に変調をきたしているらしいと、母親から離婚を勧められるが、妻は同意せず、起死回生の手段として、早く子供をつくりたいと願う。そのための妻の説得や度々の誘いにも夫は全く応じず、終いには人工授精で子供をつくれば、と言い出す始末。妻はとうとう切れてしまう……といった話である。

希望がない話なのだが、妻の視点から夫への揺れ動く心理の変化が細やかに描かれていて、読ませる。やはり文才のある方である。

（二〇二〇年五月十日）

〔付記〕

林哲夫氏の人気ブログ「デイリー・スムース」を見ていたら、林氏も前述の「図書新聞」の記事を掲げて、松井氏を追悼していた。氏も松井氏が人文書院にいた頃、装幀家、間村俊一氏と松井夫妻とともに食事したことがあるという。それ以来、林氏の東京での個展にもよく来てくれたそうだ。いろんな人と人とのつながりがあるものだと改めて感じ入った。

さらに、神戸の詩人、季村敏夫氏の個人誌『河口から』6号にも、間村俊一氏が松井純氏の追悼句を二十一句載せられているのを知り、発行元、大阪の澪標《みおつくし》の社主、松村信人氏にお尋ねしたところ、好評で在庫はもう一冊もない由、松村氏はわざわざコピーして送って下さった（感謝！）。読むと切々と胸を打たれる句の数々であった。

私はお礼の代りに、『雑誌渉猟日録』を松村氏にお贈りしたところ、すぐ読んで下さり、氏が御存知の人たちが多く出てくるので懐かしく読んだとの感想をいただいた。松村氏は一九四九年生れで、関学大文学部日本文学科卒。『別冊関学文藝』『時刻表』の同人で、詩やエッセイを書いている。澪標では多くの詩集や詩誌『季刊びーぐる』も発行している。

御自身の詩集『似たような話』（思潮社）を読んだが、氏の実業体験を基にしたサスペンスとユーモアに満ちた実に面白い詩集である。その後、私は氏と三宮でお会いして、つきあいのあった詩人で編集者、故阪本周三氏（！）のエピソードや裏話も伺うことができた。阪本氏については、私の『編集者の生きた空間』でその生涯と仕事を詳しく書いている。人と人のつながりの妙を改めて感じさせられた体験であった。

ある編集者の仕事のこと――遅ればせの追悼・青土社、津田新吾氏

十二月のある日曜日、定期便のように「街の草」さんに出かけ、本の山を漁っていたところ、中に200頁程の、見たことのない本を見つけた。『書物の現場』(白百合女子大学言語・文学研究センター編、篠田勝英責任編集、二〇一三年)である。この種の本に目のない私はすぐその日の収穫の一冊に加えた。

これは同大学教授で本書を編集した篠田氏の「はじめに」によれば、二〇一二年に行なわれたオムニバス授業のテーマが「書物の現場」で、「書物に何らかの関わりのある、あらゆる現場の当事者に現場話を語っていただこう」という基本方針で外部の十三人の講師を迎えて開かれた講義内容を活字化したものである。そのため、殆どが語り言葉の文章で、親しみがあって読みやすい。篠田氏の、著者と内容の紹介も大へん行き届いたものだ。講師もよく知られた一流の人が殆ど。津野海太郎、岡崎武志、川本三郎、西垣通、高宮

利行、堀江敏幸、宮下志朗、西谷能英、塩川徹也氏。異色なのは南青山にある古書店、日月堂店主、佐藤真砂さん、白水社の編集部を経て営業部で働く小山英俊氏、筑摩書房の元編集部長、井崎正敏氏、装幀家で俳人でもある間村俊一氏も参加していることだ。これらの人々の充実した、刺激的な講義が聴けた学生たちがうらやましく思う。

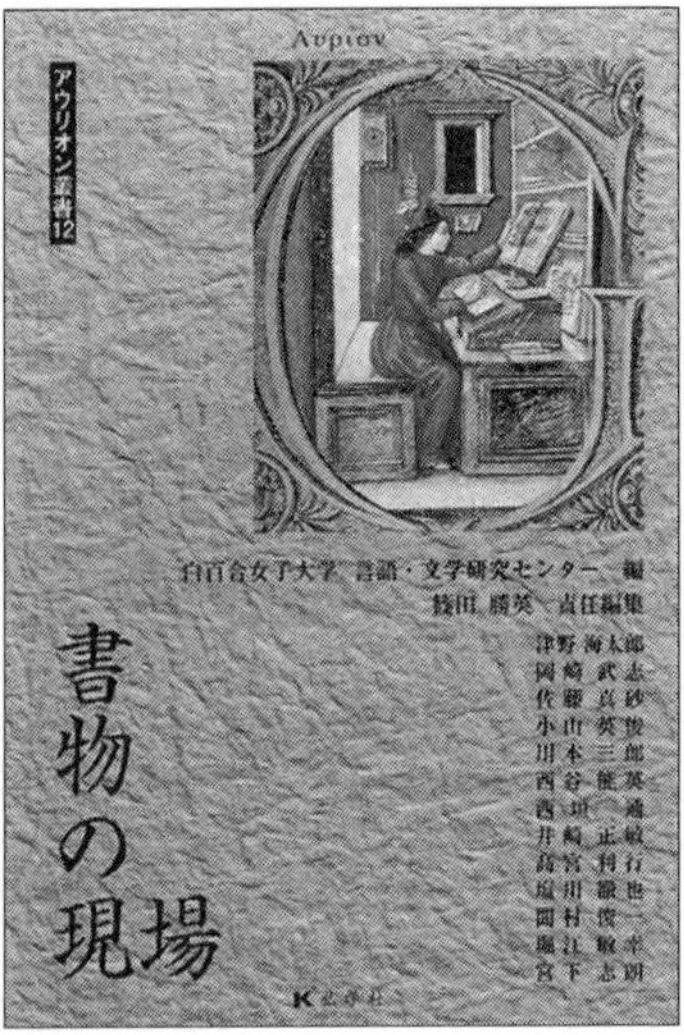

まだ全部を読めていないが、まず佐藤さんの「『断捨離』と古本屋とのいささかフクザツな関係について」を読んでみる。彼女は一般家庭で最近ブームになっている「断捨離」を評価しながらも、古本屋としては、様々な宅買いでの仕入れの、スリルとサスペンスに満ちた経験をあげながら、そこから捨て去られてしまう稀覯本や貴重な紙ものもあることを示し、複雑な心境を語っている。「とるに足らない存在だったはずの『紙モノ』が、長い時間を経て目の前に現れてみると、失われてしまった時代の空気や相貌をまとった立派な歴史の断片へと、姿を変えていることに気づきます」という一節が印象深い。本書執筆

者の一人に選ばれたのは、『女子の古本屋』でそのユニークな一店に佐藤さんを紹介した岡崎武志氏が即座にすいせんしたからだそうだが、私も昔、企画したアンソロジー『古本屋の来客簿』（燃焼社）に面白いエッセイを書いていただいたご縁で、わずかな交流があり、かねがね文才のある方だと思っているので、いずれエッセイをまとめて出版して下さることを願っている。

小山英俊氏の「本が書店に並ぶまで」も、白水社で編集と営業を経験した立場から、著者発掘、企画書、部数・定価決定、新聞広告や重版のことまで、それこそ現場の具体的な仕事の実際を語っていて、編集者の私には共感するところが多い。興味深いのは、好企画を発見できる穴場（？）が企業のPR誌だと言っていることで、今も人気の高い故須賀敦子さんの処女作『ミラノ　霧の風景』（白水社）刊行は日本オリベッティ社の『スパツィオ』連載に目をつけた同僚の編集者がいたからだという。また柴田元幸氏の初のエッセイ集の著作『生半可な学者』（白水社）も『テレビコスモス』での連載が元になっている。さらに本書にも登場する堀江敏幸氏の初期の本『郊外へ』は初め『ふらんす』で一年間連載したものを終了後、小山氏が単行本としてぜひ出したいと企画書を提出した結果だという。確かに、企業PR誌で未知の実力ある書き手を探すのは狙い目であるが、現在では長引く出版不況の影響で、潤沢な原稿料を払って才能ある若手に連載させるＰＲ誌も数少なくなっているのではないか。今はブログで面白い書き手を見つける編集者がけっこう多いことは出版のいきさつを記したあとがきを見ると分る。間村氏のはおそらく講義内容でなく、本と装幀にまつわる俳句、二十六句を新たに載せている。

さて、次に読んだのが、本好きの人たちに評価の高い堀江敏幸氏の「人の環に支えられる言葉たち」である。堀江氏の大学時代から現在までの関心や研究対象、初期の出版歴などを中心に自伝的に語った興味深いものである。下手な要約を試みよう。氏は大学入学前後、元々は日本文学研究をめざしていたが、第二外国語にフランス語を選択したことからフランス文学研究へと移り、博士課程半ばでフランスに留学、パリ郊外の学生寮で三年程暮す。そこで、レダやセリーヌ、ラルボーなど日本ではあまり知られていない作家の興味深い作品と出会い、研究を深めた。とくに、独学で複数の外国語を習得して同時代の世界文学をフランスに紹介したヴァレリー・ラルボーから大きな影響を受けたという。（ラルボーの『幼なごころ』が岩波文庫から出ている。）

帰国後、まずギベールの『赤い帽子の男』を翻訳して出したが、その「訳者あとがき」が数人の編集者の目に止り、フランス現代文学を紹介する文章を書くようになった。氏は

「本との出会いがあり、それから人との出会いがある」、そして「どんなに小さな文章でも、どんなに目立たない媒体に寄せた一文でも、誰かが読んでくれるはずだという、見えない出会いを信じていた」と印象深く語っている。

氏は留学前に学部の卒論でユルスナールの作品を扱ったが、それを三〜四十枚にまとめ直して『早稲田文学』に送っていた。大学院に進んで半年以上経った頃、突然、同誌の編集長から電話があり、目次の急な穴埋めに、面白いので以前投稿されたのを載せたいと言われる。それがきっかけで、日本文学の作家についても散文を書き始め、それらが後に『書かれる手』(平凡社)にまとまった。さらにギベールの翻訳を出した頃、思いがけず、白水社の『ふらんす』編集者から一年間の連載を依頼され、毎月二十枚位の文章を書くようになった。それが連載終了後、前述した小山英俊氏によって、処女作『郊外へ』として出版されたのである。長い回り道になったが、ここから本題に入ろう。

『郊外へ』出版の直後、一本の電話がかかってきた。「電話の主は自己紹介もせず、いきなり読後の感想をまくしたてて、私を心底困惑させせました。聞けば、すでに寄稿したことのある『ユリイカ』の版元である青土社出版部の、津田新吾さんという編集者でした」とある。津田氏からは「移民論」としての書下しを依頼されたのだが、そういう枠では書けないと正直に言うと、氏は『ユリイカ』での自由な連載枠を確保してくれた。それが「遠い街」という通しタイトルで連載され、三年後に青土社から『おぱらぱん』として出版された。津田氏とは、もう一冊、ジョルジュ・ペロスの評伝風の散文で、『魔法の石板』を作った。堀江氏は「編集者との出会いがなければなにも生まれなかったでしょう」と感慨をこめて書いている。そして、「出会ったときから重い病を抱えていた津田さんは、二〇〇九年の夏の盛りに亡くなりました。彼は文字どおり身を削って、私をふくむ多くの書き手を励まし、支えてくれていたのです」と哀悼のことばを贈っている。

この箇所を読んだ私も心底おどろいた。というのは、津田氏は私が創元社編集部にいた晩期に、短期間ながら同じ机を共にしたことがある編集者だからである。もはや記憶はぼんやりしているが、私が四十歳前後の頃、創元社が久々に編集者を募集し、おそらく多数の応募者の中から選ばれて入社した優秀な二人のうちの一人が彼であった。阪大の大学院(?)で哲学を専攻した人ではなかったか(もう一人は宗佳秀氏)。入社してからしばらくは私の仕事も校正など手伝ってくれていたのを覚えている。後にロングセラーになった翻訳書、M・スコット・ペックの『愛と心理療法』の校正を手伝ってもらったことは今も記憶にある。細身のスマートな紳士で、優しそうな性格に見受けられ、つねに穏やかな態度で丁寧に人に接する人であった。ただ、議論になると、哲学専攻らしく論理的で説得力があったように思う。社則で見習い期間中はなかなか編集会議には参加できず、その点フラストレーションを抱えていたようだ。やっと会議に参加するようになると、抱えていた人文・哲学系の企画を早速いくつか提出していた。どんな企画内容だったか、もはや覚えていないが、ただ、しきりに、「この企画のコンセプトは……」と明快に説明していたことだけは憶い出す。私などはそういう英語の言葉を使ったことがなく、いつもしどろもどろに企画を説明していたが、さすがは哲学科出身だけある、と新鮮に感じたものである。しかし、いかんせん、社にとっては新しい未知の分野であり、著者もあまり知らない人だし、彼に実績もないので（新人編集者のつらいところだ）、あまり案は通らなかったように思う。おそらく、私を含む当時の編集部各人の理解の範囲を超えていたのだろう。ユニークな企画だったのかもしれず、彼にとっては残念な結果で、大分くさっていたのではないか。私も新入社員の頃、出した企画がなかなか通らなくて落ちこんだ経験があるので、秘かに同情したものだ。保留になったり、通った企画もあったかもしれないが、在社中の創元社からは出ていないと思う。

そうだ、今、憶い出したが、津田・宗氏に誘われて、メルロ・ポンティ『知覚の現象学』の勉強会を二、三度やったことがあるが、私には難解で全く歯が立たなかった。その後しばらくして、突然、足の血液の病気（白血病）が発症し、大阪の住友病院に入院したというので私たちは驚いた。年下の同僚の原章君と一緒に病院に見舞ったことを憶い出す。寛解して退院し、仕事に復帰したが、私もその頃、思いがけない急病で入院し、その後延べ二年近く、辛い入院生活を強いられることになったので、その後の津田氏のことは殆んど知らない。二、三年後に創元社は退社したのではなかったか。一方、私はようやく退院したものの、あまりに休職期間が長引き、やむなく退社することになり、以後は細々とフリーの編集者を続けることになった。

そのうち、風のうわさで津田氏は上京して、青土社の編集者として活躍していることを耳にした。詳細は全く分らなかったが、ある時、私共、古本者には評判になった必読の刺激的な本、鹿島茂氏の『子供より古書が大事と思いたい』の著者あとがきを見ると、本書が津田氏の担当でお世話になった旨、記されていて（今、本書が手元にないので、うろ覚えで書いたが）、ほう、そうだったのか、と感心することしきりであった。それで、私の企画編集でアンソロジー『原稿を依頼する人・される人』を燃焼社でつくった折、津田氏に書き手を尋ねたところ、元『ユリイカ』編集長、西口徹氏（後に河出書房新社の編集者として活躍）を紹介して下さったのを憶えている。（いや、初めは津田氏に執筆を依頼したのかもしれない。）実は私がフリーになって数年後、（これもあいまいな記憶だが）すぐれた精神科医、小見山実氏による、三、四人の西欧の画家の創造の秘密を病跡学的アプローチで探ったユニークな原稿の単行本化を企画したことがある。アプローチする出版社を考えているうち、ふと、これは青土社に向いているのでは、と思いつき、思い切って津田氏に連絡してみたのだ。電話に出た津田氏によれば、外部のフリー編集者による持ちこみ原稿の企画は青土社ではなかなか具体化が困難とのことで、あきらめざるを得なかった。その折の短い会話が、私と津田氏との声による最後の接触となってしまったのである。遅ればせながら御冥福をお祈りします。

　実は今回の堀江氏の文章の他に、私は一昨年だったか、もう一人の著者による、津田氏への追悼文の一節も見つけているのだ。私はそれを読んで初めて、津田氏が亡くなっていたことを知ったのである。ショックで

あった。一昨年位から、私は長年にわたって蒐集した作家や様々な分野の創造者が〈タイトル〉について書いたエッセイをまとめ、一冊のアンソロジーをつくるという企画を思いつき、それを丁度、『〆切本』がヒットしている東京の左右社に持ち込んで、具体化が決った（出版社の都合で大分おくれたが、ようやくこの年内には『タイトル読本』として刊行の予定です。読者の皆さん、これはとても面白いので、ぜひ読んで下さい！とちゃっかり前宣伝しておこう。〈筆者注・後に本書は二〇一九年九月、刊行された〉）それで、一度上京して渋谷にある左右社に出向き、顔合せと一寸した打合せをした。その折、若い優秀な担当編集者の東辻浩太郎氏から、これは自分が企画した本だが、あなたにも関心をもっていただけそうな本なので、と献本してもらったのが管啓次郎氏の『本は読めないものだから心配するな』という逆説的タイトルの読書論集であった。著者はそれまで知らない研究者だったが、奥付によると、一九五八年生れで、専攻は比較詩学研究とあり、詩人でもある。現在、明治大学大学院教授で、コンテンツ批評や映像文化論などを教えている人の由、岩波からも『オムニフォン』を出し、『斜線の旅』（インスクリプト刊）で読売文学賞を受けている。翻訳も、ル・クレジオ『歌の祭り』など多数ある。いわゆる〈越境する知〉をそなえた実力派の研究者であろう。文章も軽やかで自在である。本書のオビには偶然にも、堀江敏幸氏がある雑誌に書いた書評の一節が引用されている。いわく、「管啓次郎は、批評を紀行にしてしまう思想の一匹狼、もしくは詩的なコヨーテだ」と。これ自体、読者をぐっと引き込む、魅力的なフレイズだ。おそらくお二人は交流もあるのだろう。

それで私は帰りの新幹線の車中ですぐ拾い読みして引き込まれ、途中で最後の「あとがき」風の一項を読んでみた（本書にはあとがきと題する文章はない）。すると、一番最後に一行あけて、次の文章が綴られていたのである。ここは省略せずに全文引用させていただこう。

本は読めないものだから
心配するな
新装版
管啓次郎
管啓次郎は、
批評を紀行にしてしまう思想の一匹狼、
もしくは詩的なコヨーテだ。
―― 堀江敏幸
青山ブックセンター
2010年エッセイ・紀行部門1位！
左右社　本体1800円(税別)

「最後に、本書をひとりの友人の霊にささげることを許してください。津田新吾（一九五九～二〇〇九）。「本の島」を構想し、その実現にむけてレンズ磨きのような努力を重ねた、心意気にあふれた編集者だった。本と、鳥と、海と、森を愛していた。文学と人文諸学の分野で、いい本をたくさん作った。動物ではジュゴンにみずからをなぞらえた。

霊魂の実在を信じるわけではないが、ある種の言語的パターンを〈魂〉と呼ぶなら、それは人の死後も確実に残る。その魂にむかって呼びかけるなら、ちゃんと答えが返ってくる。**また新しい島を探そう**」と。詩的で哀切な文章に胸を打たれる。（そうか、ジュゴンか。やさしそうな目をした人だったからなぁ。）

まことに残念ながら、津田氏は五十歳で早く亡くなってしまったが、少なくとも二人のすぐれた書き手から、こんなにも温かく情のこもった追悼文を書いていただいたのだから、きっと天国で喜んでいることと思う。とはいえ、もっと沢山のいい本を作りたかっただろうに、さぞ無念であったことだろう。

本書の略歴によれば、管氏は青土社からも『トロピカル・ゴシップ』と『コヨーテ読書』を出している。おそらく、その時の本造りの共同作業を通じて、同世代の二人は友人となったのではないか。

津田氏は他にどんな本を企画、担当したのだろうか。私は近年は知的好奇心の衰えからか、若い頃のように人文科学の最前線の著作を追い求める気はそれほどないのだが、せめて書店や古本屋で青土社の本を目に止めたなら、それが津田氏担当の本かどうか、確認してみたいと思う。

（二〇一七年十二月三十日）

〔追記1〕青土社の階段のこと

ここ一ヵ月程、外出の移動中に、古書展で手に入れた桜庭一樹の文庫『書店はタイムマシーン』（東京創元社、二〇一〇年）を断続的に少しずつ面白く読んでいる。桜庭さんは周知のように、『私の男』（映画化もされた作品）で直木賞を受賞した人気作家で、稀代の読書家でもある。（実はこれまで詳しくは知らず、以前はお名前から男性かと勘違いしていた。現在、同様の女性作家の例が比較的多い。『図書館戦争』の有川浩もそうだ。）その彼女が、直木賞をとる前年の、二〇〇七年三月からの一年間の読書日録を東京創元社のＨＰに連載したものを一冊にまとめたのが本書である。執筆以外の作家としての様々な外での活動、会合の様子を綴るとともに、主に帰宅後、寝るまでの読書の記録を逐一正直にユーモラスな文体で書きとめている。多数の本の紹介、要約もつぼをおさえた巧みなもので、感心させられる。取り上げている本は翻訳もののミステリー系が多いが、むろん日本文学なども幅広く読んでいる。本書を読むと、まだまだ未読の面白い本がこんなにも沢山あるのか、という感が深い。さすがだな、と思ったのは、私も書評で見て注文し、興味深く読んだ、二階堂奥歯の読書日記、『八本脚の蝶』（ポプラ社）も読んでいることだ。二階堂さんは国書刊行会を経て、毎日新聞出版局に移り、幻想文学系の本を種々企画していた優秀な女性編集者だが、残念ながら夭折してしまった。難解な哲学・思想系の本（例えばヴィトゲンシュタインの本など……）も沢山読んでいた人で、感心した覚えがある（本書は令和二年二月、河出文庫から再刊された）。

私が少々うらやましく思うのは、桜庭さんがサイン会やマスコミ、雑誌からの取材、インタビュー、出版記念会、授賞式のパーティなどに参加する度に、東京創元社や文藝春秋の担当編集者が付き添いで現われ、その後いつも彼らと本談義を楽しく対等に交していることだ。私などはふり返ると偉い学者先生が相手だったから、何かと神経がつかれる編集者生活だった。彼女のキャラクターにもよるのだろうが、ミステリー系の文芸編集者はこんなにも楽しそうに著者とつきあえるのかと思ったものだ。本書の本造りでも、担当編集者が下欄の脚注を時々書いているし、巻末の座談会でも東京創元社の二人の編集者が彼女と本へのうんちくを自由にしゃべっている。

またもや回り道したが、ここからが本題である。243頁からの一文で、青土社のことが出てきたのだ。「今日は、神保町の《三省堂書店》の裏手にある青土社で、〈ユリイカ〉の世界文学特集の鼎談に出席するので、夕方、神保町に出かける」と書き出している。青土社が神保町にあることも、私は今まで知らなかった。英文学者の君島正氏と前述の管啓次郎氏が相手の座談会である。「午後六時、青土社に着くと、真夜中の校舎みたいで、……（中略）エレベーターのないビルの、タイルのひび割れた階段を二階、三階、四階……と上がっていくと、奇怪なほど懐かしくなる。」と。つまり、中学校時代の校舎や級友を思い出させるというのだ。

「その屋上に、たぶん十畳ぐらいのプレハブ小屋が建っていて、中に入るとどう考えても部室、といった、本棚とパイプ椅子の空間がある」とも。ここはおそらく、編集部の会議や雑誌の対談、座談会用のスペースであろう。「棚には、時を経て茶色く沈んだ〈ユリイカ〉のバックナンバーがびっしり並んでいる。」と書かれている。私は確認のため、翌日、紀伊国屋書店に出かけ、『ユリイカ』と『現代思想』の奥付を見てみると、『ユリイカ』の編集部は神保町、市瀬ビルの四階にあり、青土社は市瀬ビル一〜四階を使っていることが分った（正確なことは不明）。洋館だが、エレベーターもないので、歴史のある古びた建物のようである。潮田登久子さんの『みすず書房旧社屋』の写真集を見た折も同様の感想をもったが、青土社の刊行物から抱くイメージとは、少々ギャップというか異和感を覚える建物である。（とくに屋上のプレハブ小屋が！）編集部の内部空間の描写がないのは残念だが、これを読んで何となく場所と建物のイメージが身近に浮んできた。私は既刊の本でも、〈文章に表れた出版社の外観〉というテーマでいろいろエッセイを書いているが、――前著『編集者の生きた空間』では、戦前の砂子屋書房の空間について紹介している――それにもう一つ加えることができた。前述の津田氏もしんどい体をおしてこの階段を毎日登り降りしたのかと思うと、感慨深いものがある。

（二〇一八年三月十日）

〔追記2〕

本稿は当初、今年四月初めにようやく出版できた『雑誌渉猟日録』（皓星社）に収録する予定だったのだが、最初一段で組んでもらった活字ゲラが四〇〇頁近くにも達したため、出版社の意向でカットされることになった。急遽二段組みで組み直してもらったが、それでも全体で三〇〇頁近くになってしまった。

そんな本造りの過程で校正を必死でやっていた頃だったろうか、一通のお便りが届いた。見てみると、神戸元町にあった海文堂の元店員で、わずかながら私とも交流があり、今は文筆活動——例えば、元町のローカル紙「みなと元町タウンニュース」で「海という名の本屋が消えた」なる総題で、神戸の文学者や映画人、経済人などを次々に取り上げ、その評伝を何回か、詳細な文献探索に基づいてまとめる連載をもっている。いずれ一冊の本にまとまるのを私は期待している——を行なっている平野義昌氏からのもので、一枚のコピーも同封されていた。それはみすず書房のPR誌『みすず』六七六号（二〇一九年、一、二月合併号）の「読書アンケート特集」中の見開き二頁分であり、そこに何と、蔭山宏氏（註1）という未知の思想史専攻の研究者が、昨年度のベスト5の書物のうちに、私の『編集者の生きた空間』を最初にあげて下さっていたのだ。短いコメントなので、そのまま引用させていただくと、「筆者の個人史も織り込んだ東京と神戸の文学史探検。作者や編集者への愛情あふれる書。楽しく読める」とあった。私は驚くとともに、うれしさがこみあげてきた。というのは、この『みすず』の毎年年頭に出る、昨年度の「読書アンケート」特集はいつもとても興味深い、参考になるものなので、昔からなるべく手に入れて読むようにしていたが、以前は梅田の御堂筋沿いにあった旭屋書店や神戸、海文堂などに同誌が並んでいたものの、近年は全く書店で見かけない。（京都の三月書房にはわずかに入っているようだが）それで今回も入手できず見逃してしまっていたのだ。それに、このアンケートに私の本が載ったのは初めてなのである。私も自分なりに力をこめて書いた文章(例えば、神戸の小出版社、エディション・カイエの伝説的編集者で詩人の故阪本周三氏の生涯と仕事について、など)をいろいろ収録したので愛着の深い本なのだが、書評は「読書人」に一つ出ただけであった。少々残念に思っているだけに、よくぞこんな地味な本を研究者の方が取り上げて下さったものだ、ととても感謝している。

平野氏の御親切にも感謝してお礼のハガキをすぐ書いたが、氏はおそらく『みすず』を毎号購読しているのだろう。

私はしばらくそのコピーを大切に保存して秘かに悦に入っていたのだが、その特集全体にもやはり目を通したくなり、思いついて、みすず書房編集部長の守田省吾氏に久々にお便りし、まだ在庫があれば、一冊送っていただけないか、と厚かましくお願いしてみた。この守田氏とは、私はフリーの編集者になってから、哲学者の鷲田清一氏の書評集『哲学」と「てつがく」のあいだ』(二〇一一年)とユニークな臨床心理学者、森岡正芳氏の『うつし　臨床の詩学』(二〇〇五年)を私の企画で出していただいた折の担当編集者であり、京都で一度お会いしたこともある。高名な中井久夫先生のエッセイ集のすべてを編集されるなど、数々のすぐれた仕事をされている方だ。現在は社長となられている。守田氏は早速、私の願いを聞き入れて下さり、本号を贈って下さった（感謝！）。

　届いたその晩から私は早速、そのアンケートを順々に読み始めた。今号も百四十名の各分野の定評ある研究者たちが、ベスト5の書名をあげ、各々その感銘を受けたポイントやすぐれた点を御自身の率直なことばで語っていて読みごたえがある。むろん、113頁もある長いものなので、私の関心の薄い分野の本はどんどん飛ばして読んでゆく。今回、一番多く取り上げられていたのが、黒川創の『鶴見俊輔伝』であり、長谷川郁夫『編集者　漱石』などであった。これらの本は私も大新聞の書評欄で大きく取り上げられたのを読んだことがあり、すぐれた内容なのは分ったので、読めれば読んでみたいが、いずれも長篇ゆえ、手が伸びないかもしれない。編集工房ノアの涸沢純平氏のエッセイ集二冊もあがっていて、関西人である私は自分の本でも紹介しているので、うれしくなった。

　さて、私は読み進んできて、思想史家、田中純氏（註2）の項にたどり着き、最後の

文章にあっと驚き、釘付けになった。田中氏は今年は大学院生たちと読書会形式で集中して読んだ一冊、ダニエル・ヘラー＝ローゼン『ニコラリア——言語の忘却について』（みすず書房、二〇一八年）に絞って書いているのだが、こう述べているのだ。次に少し長いが引用させていただこう。

「最後に——訳者あとがきには、この本の翻訳を勧めてくれたのは津田新吾さんだった、と書かれている。わたしにとっても恩人であるこの故人の名をここに認めて、谺を聞くのに似た懐かしさの由来を知る。津田さんは亡くなる前、「本の島」という人文出版社を構想していた。そのサイトにはこうある——「島と島をつなぐようにして、星と星とをつなぐようにして、ゆたかに響きあう本の世界を夢見ること。生と死の境を越えて届く、そんな言葉の谺へと導いてくれた本書に感謝している」と」。

そうだったのか！　最後の津田氏のことばは前述の管啓次郎氏も似た表現で伝えていた。このサイトは現在も存続しているのだろうか。そうなら、ぜひ私も見てみたいものだ。

田中純氏についても、私はお名前を知っているだけで、著作も殆ど読んでいない。ただ、かつて未来社のＰＲ誌『未来』や東大出版会の『ＵＰ』などで時たま連載していた文章の一部は読んだことがあり、やはりイメージ豊かな表現力をもつすぐれた「越境する知」の持ち主である研究者の方、位は編集者として知っている。書店で検索してみると、多数の著作が出ており、そのほんの一部だが『過去にふれる――歴史経験・写真・サスペンス』『イメージの自然史』（以上、羽鳥書店）『都市の詩学』（東大出版会）などとともに『アビ・ヴァールブルク　記憶の迷宮』（青土社、二〇〇一年）も出てきたのである。タイトルからして、どの本も魅力的だ。ヴァールブルクは、昔、私も熱中して読んだ山口昌男の『本の神話学』（中公文庫）にも出てきた美術史家であろう。精神史や図像学にも多大な影響を与えた人らしい。思えば、あの頃は知的好奇心が旺盛だったなぁと思う。とくに山口昌男『道化の民俗学』などの諸著作には魅了されたものだ。青土社刊の本は田中氏のごく初期の著作であり、おそらく津田氏が企画して初めて依頼し、田中氏の出版への手助けをしたのではなかろうか。あるいは『ユリイカ』連載への橋渡しも考えられる。（このへんのいきさつは当書のあとがきを参照すれば、詳しく述べられているかもしれないが、まだ調べていない。）

いずれにせよ、田中氏に恩人と言わしめるほどの仕事を津田氏はされたのである。

私はこれを読んでますます津田氏への敬服の念が募ってきた。津田氏は、少なくとも三人ものすぐれた研究者を世に出す手伝いをしたのだ。津田氏がもしご健在で、そういう出版社を実際に構想していたのなら、私も微力ながら何らかの形で参加して力を貸したかったなぁ、とつくづく思う（いや、かえって足手まといになったかも……）。
なお、本稿の〔追記2〕までの原稿は幸い活字化したものがあるので、新刊刊行後に大阪西梅田の「本は人生のおやつです‼」で行なった私のささやかなトークショーのおみやげとして、コピーしたものを参加者に配らせてもらった。津田氏へのせめてもの追悼になったのでは、と思っています。

（二〇一九年四月二十三日）

（註1）友人のKさんにネットで調べてもらったところ、蔭山氏は一九四五年生れ――私より一歳上の同世代の方だ――で、一橋大学を経て慶応義塾大学法学部政治学科の教授を長年勤め、二〇一一年定年退官している。政治思想史専攻で代表作に『ワイマール文化とファシズム』（みすず書房）や翻訳書が数冊ある。こんな偉い先生が私の本も読んで下さったとは光栄に思う。

（註2）田中純氏は一九六〇年生れ。東大教養学部ドイツ分科卒。現在、東大大学院総合文化研究科教授。『アビ・ヴァールブルク』はサントリー学芸賞を受賞し、『政治の美学』（東大出

版会）でも毎日出版文化賞を受けており、大へん評価の高い研究者である。青土社からは『死者たちの都市へ』も二〇〇四年に出しており、これも津田氏が担当したのではないか。平凡社新書で『建築のエロティシズム』も出しているので、遅ればせに私はまずこれから読んでみようと思う。

〔追記３〕

ボケてしまって記憶がどうもあいまいだが、たしかその後、花森書林でのトークイベントの際、本稿を前述の平野義昌氏にも渡して読んでもらったように思う。しばらくして氏から届いたスマートレターを開いてみて、私はアッと驚いた。中から『本の島』１号（二〇一二年五月）が出てきたからだ。あの、津田氏が構想していたという人文系出版社、「本の島」が誌名の小冊子である。平野氏が上京した折、どこかの書店で見つけて手に入れたものらしい。私は全く知らなかった貴重な本であり、わざわざ贈って下さった氏に感謝します。

本書は、津田氏の「『本の島』上陸に向けて。」という巻頭エッセイから始まり、吉増剛造の「津田新吾に」の詩、野崎歓「津田新吾　本を夢見る力」、堀江敏幸「言葉の護衛兵を本の島に送り込む（前篇）」」、陣野俊史「フットボールの島々1」他四名の長文エッセイや紀行文から成っている74頁の文集である。おそらく筆者は全員、津田氏と著者、あるいは友人として交流があった人たちであろう。筆者に青土社時代の『ユリイカ』編集長だった西口徹氏が加わっているので、西口氏が中心になって編集されたのではないか（氏はその後、河出書房新社に入り、現在も活躍されている）。

津田氏の文章は六頁のものだが、次のように始まっている。

「はじめに嵐がやって来た。遠い彼方の島の干瀬から遥か離れて広がる珊瑚礁の浅瀬の海の底で、数万年かけて堆積した枝サンゴの夥しい欠片の小山が、海を捲きあげる強烈な風に打ちつけられ、荒れ狂う波の重量に揉まれ、少しずつ海面に向けて降起しはじめた」と。そして〝本の島〟の出現、生成の過程がその後も詩的に、ダイナミックに表現されている。寓意的文章であり、出版社の具体的内容は記されていないが、文末註（?）には、はっきりと、出版社「本の島」は二〇〇七年春の予定で誕生します、と記されている。構想をもちながら、氏はそれを実現できぬまま、二〇〇九年に亡くなったのだ。

寄せられた各篇も力作ぞろいだと思うが、逐一紹介する余力はもはやない。ここでは私が興味深く読んだ野崎歓氏の二頁の短文のみ、簡単に紹介しよう。野崎氏は二〇一九年まで東大大学院文学部教授としてフランス文学を教えていた人で、多数の著作や翻訳がある。最近の著作として『水の匂いがするようだ――井伏鱒二のほうへ』という、井伏の翻訳をキーコンセプトとしたユニークな評論書もあるが、私は未読である（いつもながらの不勉強で申し訳ないことです）。

野崎氏はまず、津田氏の「本は書下しがいちばんいい」のだという自説を紹介している。これは良心的編集者の多くが思っている理想であろう。ただ、著作もすでに多く、活躍中の人気ある著者は、すでに幾多の出版社から頼まれているから、執筆でも多忙であり、書下しの依頼は殆んどムリである。狙い目は、若い気鋭の研究者で、本もまだあまり出しておらず、面白いテーマに取り組んでいて、文才もある書き手を見つけ出すことだろう。実際、津田氏はそんな方針で新たな書き手を発掘し、実践していたように思われる。

そのためには、編集者の日頃からの幅広い読書や情報収集が欠かせない。各新聞の学芸欄などにも目を通す必要がある。私も現役の頃は、及ばずながら精神医学や臨床心理学の分野を開拓しようと、専門誌にも一応目を通したものである。あとは信頼する著者からの有望な若手研究者の評価なども伺い、参考にしたものだ。

野崎氏の最初の出版の場合も、氏がある雑誌にルノアール（「大いなる幻影」の映画監督）

の書簡集から抜粋して訳出、紹介する連載をしていた途中に、津田氏から速達が届き、そこに「ルノアールの半生を跡づける本を書き下ろさないか」という、息せききった誘いのことばが書かれていたのだという。さらに驚いたのは、手紙にカバー装丁予定のルノアールのデッサンのイラストまで添えられており、それを見た氏は「猛然とやる気が湧いてきた」と記している。その一年数ヵ月後、『ジャン・ルノアール　越境する映画』は、中島かほるさんの美しい装丁に飾られて完成したが、「表紙のデザインは、津田新吾筆によるそれと基本的に同一であった」と。

私はといえば、あらかじめ装丁のイメージまで固めて、著者に依頼したことなど、一度もない。津田氏は、造本の美的センスも抜群だったのだと、感嘆するばかりである（この点は別稿でふれた人文書院、平凡社の編集者、故松井純氏とも共通する。同じ神保町で働いていたお二人に交流はなかったのだろうか、とふと思う）。

本書の「編集後記」の最後には「この小さな本は一年をかけてつくりました。二号も続きますのでお愉しみに」とある。果たして、本当に出版されたのだろうか、今のところどうも未刊のようである。

（二〇二〇年六月八日）

牟田都子『校正者の日記』を読む　――十七時退勤社の本とともに

私は二〇〇〇年に東京書籍からアンソロジー『誤植読本』を編著で出し、次いで二〇一三年にそれが『増補版　誤植読本』として、ちくま文庫に入った。これは幸い好評で、現在第四刷になっている（私の本としては大へん珍しい！）。その後も、二〇一五年に、新旧の珍しい校正を扱った小説八作品に、エッセイも加えてまとめた『誤植文学アンソロジー』を論創社から出している。そのため、誤植や校正というテーマについては持続的な関心をもっている。といっても、自分の校正力については未だに自信がなく、むしろ苦手な方である（このコンプレックスこそがこの種の企画を思いついた原動力になったのだと思う）。

今年の二月頃、書友の小野原氏から、牟田都子《さとこ》さんという方の『校正者の日記』（栞社）が出て、一部の書店、古本屋で販売されたが、部数が少ないせいか、あっという間に売り切れ、手に入らない状況だというお知らせをいただいた。今まで全く知らなかったニュースである。それで、私も二、三心当りの所に当ってみたが、やはりすべて売り切れだった。今のところ、増刷の予定はないらしい。大へん興味のあるタイトルでぜひ読みたい本だけに残念だが、八方手を尽しても入手できないなら仕方がなく、ほぼあきらめていた。ところが、その本を数冊扱ってすぐ売り切れたという神戸、

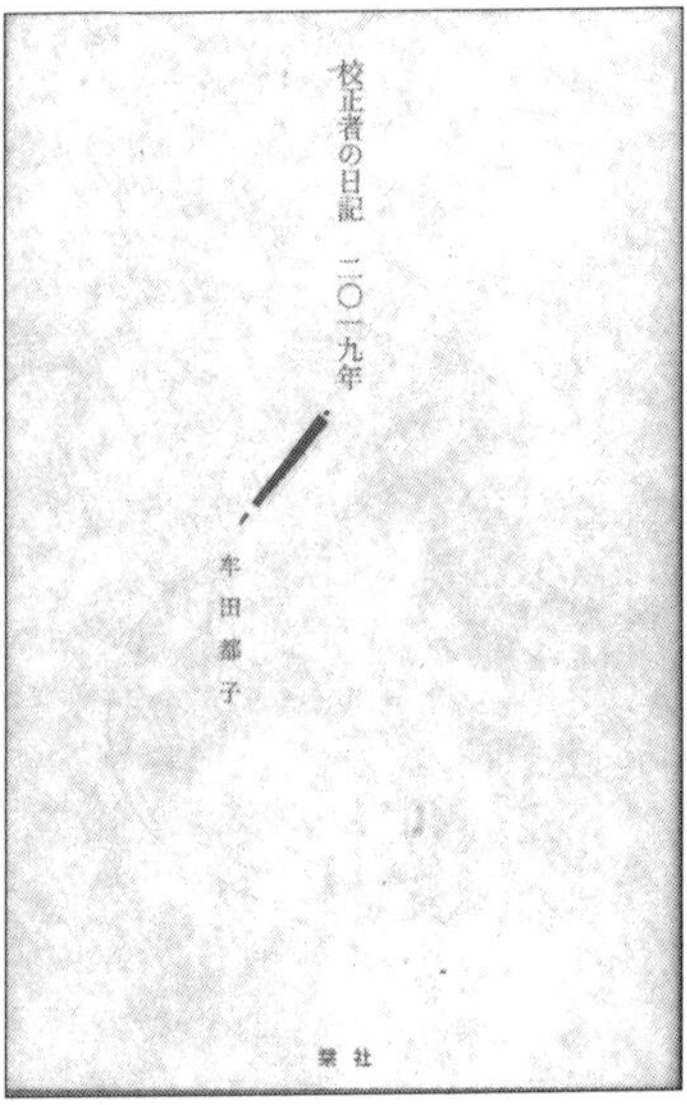

元町の古本屋（新刊も扱っている）「１００３」をのぞいた際、店主の奥村さんから耳よりな情報を教えてもらった。三月から一ヵ月程、東京の吉祥寺の書店「ブックス・ルーエ」でフェアーが開かれ（詳細は不明だが、牟田さんの仕事を中心に紹介するものらしい。例えば彼女が校正を担当した本を並べるなど）、その中で前述の牟田さんの本が販売されるというのだ。その担当者の名前も教えてもらった。

私は、最後の頼みの綱と思い、早速、その書店に電話をかけ、担当者の花本氏（実は店長さん）を呼び出してもらった。私が、以前に前述の本など出している者だと告げたとこ

ろ、氏は著者として知っていると驚いたように言い、それなら一冊、関係者ですから献本しますとのこと（『増補版　誤植読本』もフェアーの一冊として出品される由）、大へん有難く、感激したのは言うまでもない（花本氏に感謝！）。早速贈っていただいたのを見ると、函表紙の新書版で、白いカバーが巻かれている。縦組みのタイトルと著者名はグレーの色乗せで、二つを黒鉛筆らしいカット（色は同じグレー）でつないでいる、きわめてシンプルな装幀である（おそらく、校正者の役割のイメージを象徴的に表現したのだろう）。

本書は、牟田さんの二〇一九年一月から十二月末までの日々の仕事、イベントへの出演、私生活での買い物、読書などを簡潔に綴った日記で、各々の月の終りに、その月をふりかえった感慨を一頁、二段組みでまとめている。

牟田さんは、奥付や本文の記述によると、一九七七年東京に生まれ、大学卒業後、図書館司書などを経て、二〇〇八年より大手出版社の校閲部に派遣社員として勤めている（その校閲部で二十年以上勤めていた△氏と知り合い、結婚）。二〇一八年に独立してフリーの校正者となる。共著に『本を贈る』（三輪舎）がある。後に本書を取り寄せて、まず牟田さんの「縁の下」を読んだが、とりわけ彼女が、疑問や検討を乞う初校ゲラの〝鉛筆入れ〟に、著者が逐一率直に答えているケースを示していて、面白かった。それがゲラの上の

「会話」なのだ、とも。

彼女は、独立するまでは割合校正の仕事のみに閉じこもりがちだったようだが、二〇一八年九月に、本に関わる仕事を生業とする人たち十人（例えば、編集者、装丁家、印刷者、製本者、批評家、書店員など）の共著で『本を贈る』を出して以来、本造りそのものへの興味が広がり、その関連の読書や講座、講演、トークイベントへの参加など、積極的に行なうようになった。仕事以外に時間をつくってこんなに沢山、と思うほど種々の催しに参加していて、驚かされる。ともかく、知的好奇心が多方面に旺盛な人だ。敬愛したり、お気に入りの人たちとの交流が次々と記録されている。おまけに、仕事の合い間に定期的に各地のマラソンに参加して走ったり、日用家具やファッションへの嗜好にも彼女独自のものがあり、買い求めたりして楽しそうだ。私共と違って、御夫婦で猫二匹と一緒に生活をいかにもエンジョイしている様子が伝わってくる。

ただ、独立してから自分で営業したことはなく、今までの編集者とのつながりや仕事に定評があるためか、次々と依頼が来て、それを期日までに仕上げるのに相当ムリもされているようだ。校閲的なチェックもするので、その調べものの資料を図書館で何冊も借りてきたりしている。それでも、フリーになってから収入は激減し、現状では校正でひとりで食べてゆくのは難しい、と告白している。大手出版社の社員なら給料で安定するが、フリーになると、その報酬はかなり安くなるからだと思う。

十二月には、私もこの二月に神戸で観て、別稿で印象記を書いた、装幀家、菊池信義氏を追った映画『つつんで、ひらいて』も観て感心しており、同好の士を得た思いがした。

このへんで、校正者としての仕事への感慨を綴った箇所から、私の印象に残った部分を少し引用させていただこう。

「あまりにも完成度の高いゲラで読めども読めどもえんぴつが入らないため、すごい速さで進む。そうすると何か見落としているのではないかと不安になる、因果な性格。」

――これとは一寸違うが、私も初校であまりにもチェックする赤、誤植が少ないと、かえって物足りない気分になることがある。とくに現在は、著者がパソコンで打ち、内校も一応終った活字原稿だから、誤植も昔のようには多くない。但し、翻訳などは初校、再校でもかなり訂正される方もいるが。

「(校正者としての)発信を止めないのは、自分がこの仕事を始めたときに思っていた「校正」と実際のギャップがあまりにも大きくて、一般にイメージされている校正の仕事と現実の溝を少しでも埋めたいから、なのだろうか」

――確かに、宮木あや子原作の小説『校閲ガール』をドラマ化した石原さとみ主演のTVドラマなどで、校正や校閲の仕事が珍しくクローズアップされたとはいえ、ドラマだけあって、いささか極端な面が強調され、誤解を与えたところもあるだろう。例えば、著者と校正者が直接対面して校正者が著者に思いきったアドバイスを与える場面など、現実には殆んどありえない。大抵は担当の編集者を介した間接的やりとりなのだから……（もっとも、私はミーハーなので、毎回石原さとみの派手なファッションにも魅せられ、楽しく見ていたが）。

「校正の仕事はほとんどの人の目には見えない。批評のしようのない仕事。（中略）なくてもいい仕事。売れ行きには関与しない仕事。やって当たり前の仕事。」ととらえ、ときどき何のために仕事をしているのだろう、と途方に暮れる、とも言う。

――ただ、『誤植読本』でも数人の作家が書いているが、著作者にとっては気づかなかった事実の誤りや思いちがいなどを逐一指摘してくれる有難い存在として、感謝される仕事人でもある。まぁ、一方で作家によっては、いちいち全体に漢字、ひらがななどを統一されるのを嫌う人もけっこういるようだが……。例えば、一頁内に同じことばが漢字とひらがなで不統一なのは字面の読みやすさも意識しての配慮だという作家もいる。そうでなくても執筆時のその時の勢いやリズムで漢字とひらがなを書き分けるのは、作家のクセや文体であり、それは尊重されるべきだろう。もっとも学術書などは別であるが。

牟田さんは、本書が急遽でき上ったいきさつも報告し、本書の校正をツイッターで募集して、その過酷なスケジュールにもかかわらず即座に応じて下さった人に、申し訳ない以外言うべきことばがない、と頭を下げている。これはファンが沢山いる証拠だろう。また、タイトルからして、自分の校正だけでは見逃しがあるかもしれない、という心配があったのだろう。

最後に、この一年間の日記中の読書の記録には出てこないが、私の出した前述の本、牟田さんは読んで下さっただろうか。もし機会があれば伺ってみたい気がする。

（二〇二〇年三月八日）

〔追記〕

前述の原稿を書き終えて一週間ほど後に、時々のぞいている西梅田、堂島の「本は人生のおやつです!!」を訪れた。店主の坂上友紀さんは最近『本の雑誌』に連載したり、『ユリイカ』に長文エッセイを書いたりと、ライターとしても活躍している人だ。彼女との雑

うもれる日々
橋本　亮二
本を読んで、
カレーを食べて
本屋に行く。
ああ、
うらやましい、
と思ったけど、
自分もそんな
生活をしている。

談からいつも新刊や交流ある人々の情報などを教えてもらえ、参考になっている。東京からの出版人や作家などの来客も多いようである。いわば大阪の文化サロン的空間の一つとなっている。

今回、入口すぐにある新入荷の棚を見ると、橋本亮二『うもれる日々』（十七時退勤社、二〇一九年、A5判86頁）と文庫版の笠井瑠美子『日日是製本《にちにちこれせいほん》』（同社、二〇一九年）が目に止った。どちらも少部数出版のようで、新刊書店では見かけなかった本だ。チラッと中身をのぞくと面白そうなので、少々迷った末、二冊とも買い求めた。『うもれる日々』を早速読み始めたのだが、10頁目のエッセイのタイトルが何と「ブックス・ルーエの花本武さんと」となっているではないか。私が前述の一文で書いた『校正者の日記』をラッキーにも入手できた書店の店長さんが花本さんだったからだ。読んでみると、橋本氏は朝日出版社の営業部員で、日頃から吉祥寺の「ブックス・ルーエ」によく出入りし、花本氏を「兄ぃ」と呼ぶほど親しくつきあっている間柄だそうである。花本氏は背が高い人で、昨年の「文学フリマ」に出品した詩人でもあるという。しきりに橋本氏にも次の「文フリ」への参加を勧めている。その過程で前述した『本を贈る』の共著者として仲よくなった製本者の笠井瑠美子さんとマイナーな出版社、十七時退勤社をつくることになり、そこから『うもれる日々』や『日日是製本』も出したのである。その社の顧問が花本氏で、面白い社名も花本氏が考えた案から決ったのだという。次々と書き手がつながってゆくのに私は驚いた。本書で、初めて『本を贈る』の執筆を三輪舎の中岡氏から依頼され、初めは自信がなく、試行錯誤しながら完成したいきさつも書かれている。

橋本氏は「ページを開くこと」と題する一文で「人間としての重みや厚さというものが残念なことにあまりないため、言葉が軽く底が浅いとしばしば指摘される」と謙虚に書いているが、なかなかどうして、感性豊かな文章で、ぐんぐん魅きつけられる。小説も沢山読んでいて、とくに私と同様、

現代の女性作家のものが多い。ただ、小説への愛は、私などよりはるかに深いと思う。営業部員としても貴重な存在だろう。創業した出版社でこれからどんな本を出してゆくのか、楽しみである（橋本氏の本はすでに増刷したそうだ）。

もう一冊の『日日是製本』も面白く、すぐに読みおえた。奥付によると、笠井さんは一九八〇年生れで、武蔵野美術大学デザイン情報学科を卒業。印刷会社、東京印書館を経て、加藤製本に入り、束見本を担当。転職して、松岳社で同じく束見本を担当している人である（束見本担当の係があるのは私は初めて知った。装幀のデザイナーに背の幅を伝えるのにも必要だが、私の経験では必ずしも毎回、束見本をつくったわけではない。さすがは東京の製本所である）。本書は笠井さんが加藤製本を退社し、新しい社に入るまでの日々を日記体で記したものだが、中に挿入された「製本する人々」という人物デッサンがとくに面白い。製本会社は「印刷会社よりさらに保守的で、閉鎖的だと思う」と彼女は率直に言う。そして、オフレコかもしれないが（筆者の気持では）、「この人は、もしよそで働くことになったら大丈夫なのかな、と思わせる人もたくさんいる。／まともに喋れない人や、いつも俯いている人、ずっと同じことしかできない人や、とにかく声のでかい人など、いろんな意味で気ままで、野性味に溢れている」と書く。なかなか鋭い、内部の人には耳の痛い観察である。それでも「工場で働く人たちのことがとても好きだ。／正直で、素朴で、単純で、大きな声でよく笑うので、気持ちがいい」と、フォローも忘れない。本書も奥付によれば二ヵ月後に増刷している。牟田さん、橋本氏、笠井さんらの今後のますますの活躍に注目したいと思う。

（二〇二〇年三月二四日）

〔付記〕

その後、思いついて、以上の手書き原稿をコピーし、『うもれる日々』の橋本亮二氏と交流のある「本おや」（略）の坂上友紀さんを通して、橋本氏に送ってもらった。しばらくして、橋本氏から丁重なお便りをいただいた。私の拙い原稿を読んで、思いがけず我々のことを取り上げて下さって感激しているという趣旨の文面であった。思わぬ反響に、私もうれしくなった。そこに、牟田さんにもその原稿を回し読んでもらったらしく、彼女が『誤植読本』『誤植文学アンソロジー』や私の他の本も以前から読んでいて、とても参考にしている、とも書かれていた。私の原稿では思わず誤解するところであり、ほっと胸をなでおろしたことであった。

（二〇二〇年六月二十日）

意外な誤植のある古本を見つける――久坂葉子の遺稿作品集と中谷孝雄の小説から

二〇一七年六月初め、書友の小野原氏から、昔は心斎橋で店をもっていたが、その後数年間は店をもたず、古本展にだけ参加していた「古書　象々」さんが四カ月程前から堺筋の瓦町一丁目、フジカワビルの五階で新しく店を開いているが、まだ訪ねたことはないと伺い、それでは一度、二人して行ってみようということになった。

日ざしのきつい日で、私の方はフウフウいいながら、二人とも土地勘がわるくて散々迷った末、やっと目当てのビルを探し出した。ビルのホームページによれば、そのビルは最近再評価の声が高い村野藤吾の建築設計だという。全体を眺めたわけではないが、細長いビルで、五階の象々さんの部屋に入ると、天井が高く、モダニズムの香り漂う落ち着いた空間であった。さすがに大阪芸大出身で、美術、芸術関係の本を中心に扱う店主だけあって、いい部屋を選んだものだと、そのセンスのよさに感心する。

早速二人とも、棚の本を順々に眺めてゆく。文学関係も意外に多く、外国文学を中心に、日本文学にも渋い本がまじっている。小野原氏は早速、床に接する棚の最下段の隅から戦前刊の『葛西善蔵全集』（改造社）函付きの巻三冊を見つけ出した、しかも格安で。葛西の小説が好きだという氏にとっては今回の大きな収穫であろう。

私も、日本文学が並んでいる中から、萩原朔太郎の随筆集『阿帯』（河出書房、昭和十五年）函付きを見つけ出した。これは、朔太郎の本の中でも、古本屋であまり見かけない本ではないか。引き出して、目次を見てみると、「名前の話」「詩人と宿命論」「思想人としての谷崎潤一郎と正宗白鳥」「小説家の俳句」「四季同人印象記」など、読みたいなと思わせるタイトルが並んでいる。値段も手頃なので、喜んで買うことにする。

次に、床にある箱の中には雑誌や紙ものが並んでおり、伊達得夫の『ユリイカ』一、二冊――これはさすがに千円に付いている――、『本の手帖』、それに『バイキング』の古い号が十冊位あった。割に初期の、味がある木版が表紙に使われている号である。これも目次をざっと見てゆくと、そのうちの三冊に、私の創元社時代の上司で後に作家になった故・東秀三氏の若き日の詩作品が載っているではないか！　ぜひ読みたいと思ったものの、一冊五〇〇円するし、各号その詩一作だけを読むために三冊も買うのもなんだかなぁとも思う。なおも『バイキング』をチェックしてゆくと、その一三八号（一九六二年三月）に山田稔氏の中篇小説「わが友の肖像」（註1）が二段組み十四頁にわたって載っていた。山田氏の単行本には収録されている作品だろうが、私はまだ読んでいない。それで、こちらを一冊買うことにした。

窓際の棚には絵本や児童書も沢山並んでいる。

旧知の店主の方はあいにくその日、不在だったが、レジにいた女性が丁寧な応待でいろいろ話しかけて下さる。古書の知識も豊富な方のようだ。レジを兼ねた広いガラスケースの中の稀少本を眺めていたら、その隅に夭折した神戸の作家、久坂葉子の『私はこんな女である』（和光社、昭和三十年）が目に止った。私も小野原氏も初めて目にする本で、珍しい本やなぁ、などとつぶやいていたら、一寸見られますか、と言って御親切に本を出して下さった。富士正晴が編集して出した久坂の遺稿作品集である。彼女は昭和二十七年歳末、二十一歳の若さで神戸の阪急六甲駅で鉄道自殺を遂げているから、その三年後の出版である。残念ながら高価なので私にはとても手が出ない。

私は恐る恐る本をパラパラとめくってみた。目次もチラッと見ただけだが、その冒頭に、序文……井上清、次いで二人目に富士正晴の名前があった。私は、あれっ、井上清、というのはたしかマルクス主義系の歴史家ではなかったか、はてな?と思いつつ、次の本文をめくると、そこには井上靖、とあるではないか！「誤植」に関心をもつ私としては、うれしい（?）事例の発見であった。ただ、以前にも書いたが、編集者は本文の方は熱心に集中して校正するが、大抵最後の方にゲラの出る目次や奥付のところでふっと手を抜き、大ボカをやってしまうことは、私の経験や他の事例からも割にありえることだ。ともあれ、目次での名前の誤植はかなり目立つものである。富士氏や出版社の担当編集者は本が出来上ってこの誤植に気づいたとき、びっくりし、動揺して恥入ったことだろう。それとも、物事にあまりこだわらないあの富士氏のことだから、「まぁ、しゃあないなぁ」などと内心つぶやいたのだろうか。一方、誤植された方の、かつて大阪で毎日新聞学芸部副部長を務めていた井上靖氏はどんな反応をしただろうか。井上氏は昭和二十五年、『闘牛』で芥川賞を受け、東京で作家として活躍し始めた頃である。この件での富士氏と井上靖氏とのやりとりがもし何かで残っておれば、読みたいものである。

その後、図書館の人物事典で井上清氏のことを一寸調べてみると、氏は一九一三年生れで、東大史学科を出ているが、一九五四年京大人文科学研究所に助教授として赴任し、六一年から七七年まで教授として勤めた、とあった。その後は歴史研究の著述家として活躍し『日本女性史』『日本軍国主義』など多数の著作がある。

一九五四年といえば、前述の久坂さんの遺稿集が出た年の前年であり、井上清氏はすでに人文研の助教授であった。その人文研には富士氏と親しい桑原武夫氏や多田道太郎氏もおり、その関係で富士氏も井上清氏との交流があった可能性はある。そんなことでこんな混同が起こったのかもしれない。（あくまで想像にすぎないが。）

他人事《ひとごと》なので、気楽にこんなことも書けるのだが、本当は私自身、えらそうなことを言える立場ではない。実は今年四月に久々に私の古本エッセイ集『編集者の生きた空間』を論創社から出してもらった。その際、校閲者の方に再校の折一度、丁寧に見てもらったので、今回はわずかしか誤植もないだろうと楽観していたのだが、出来上ってみると、やはり読んで下さった知人からの指摘で数ケ所、誤植やまちがいに気づき、がっくりきているところなのだ。校了前に急遽、追加したところかもしれない。とくに、人名の誤植は痛かった。大佛次郎が大沸次郎に、坂本遼が阪本遼に、俳優の楠年明が楠正明となっていて、各々の故人の方に失礼なことをしたなぁと悔んでいる。もはや手遅れだが、この場を借りておわびしておきたい。


（二〇一七年六月五日）

（註1）　早速、この小説を読みおえたので、ごく簡単にあらすじのみ紹介しておこう。今はA電力のサービス係として働いている「わたし」が、大学時代の友人で英文学の期待される学究として誇りに思っていた久米の早い死を突然死らされ、その葬儀に出かけてゆく。式の後、仲間だった松本の提案もあり、同じ仲間で大学の助教授になっている下村が中心になって、久米の遺稿追悼集をつくることになる。わたしは気持が高揚し、苦心して追悼文を書き上げ、その本が出来上るのを毎日心待ちにしていた。平凡なルーティン仕事の日常の中で、ある種それが生きがいになっていたのだ。やっと四〇頁程の小冊子が下村の努力で出来上り、それを受け取る集まりに出かけてゆくが、その夜、下村から、小冊子の内容や久米についての意外な話をわたしが聞かされて……といった内容の物語である。最後の方の結末はネタばれになるので、ここでは省略し、読んでのお楽しみにしておこう。

私は引き込まれて一気に興味深く読みおえた。山田氏の初期の傑作の一つではないかと思う。

もう一つ、誤植の話を報告しておこう。

平成三十年の年が明け、一月中旬から始まった神戸三宮、サンチカの古本展へ、初日だが午後遅く到着、今回はこれはと思う収穫がなく、豆本の伊藤誠（当時、姫路市立美術館副館長）『回想・鴨居玲』、（神戸〝灯〟の会、一九九三年）を三〇〇円で手に入れたのみであった。私は昔から鴨居玲のファンで図録や鴨居氏のエッセイ集『踊り候え』（風来舎）などは持っているがこの本は未見で、うれしかった。著者は神戸新聞の駆出し美術記者時代に鴨居氏と知り合って以来、三十年余り親交のあった人だけに、鴨居氏とのエピソードも豊富で、読みごたえがある。仲良くなったのは伊藤氏の書いた鴨居論をめぐってけんかになり、直接会って長い議論の末、かえって意気投合したというのだ。また、神戸の詩雑誌『蜘蛛』四号の表紙絵は鴨居氏が描いた、珍しい抽象画作品であるというのは本書で初めて知ったことだ。

さて、戦後すぐの大衆文学や純文学がいろいろ並んださつき書房のコーナーをチェックしてゆくと、中に一冊、中谷孝雄の珍しい長篇小説『懐しき青春』（大阪、弘文社、昭和二十四年）が現れた。中をパラパラとのぞいてみると、どうやら中谷氏の京都、三高在学時代の恋愛を中心とする自伝的小説らしく、読んでみたいなと思ったものの、値段を見ると一万円！

これはとても手が出ないと、すぐあっさりあきらめた。ただ、なおも未練があって中を

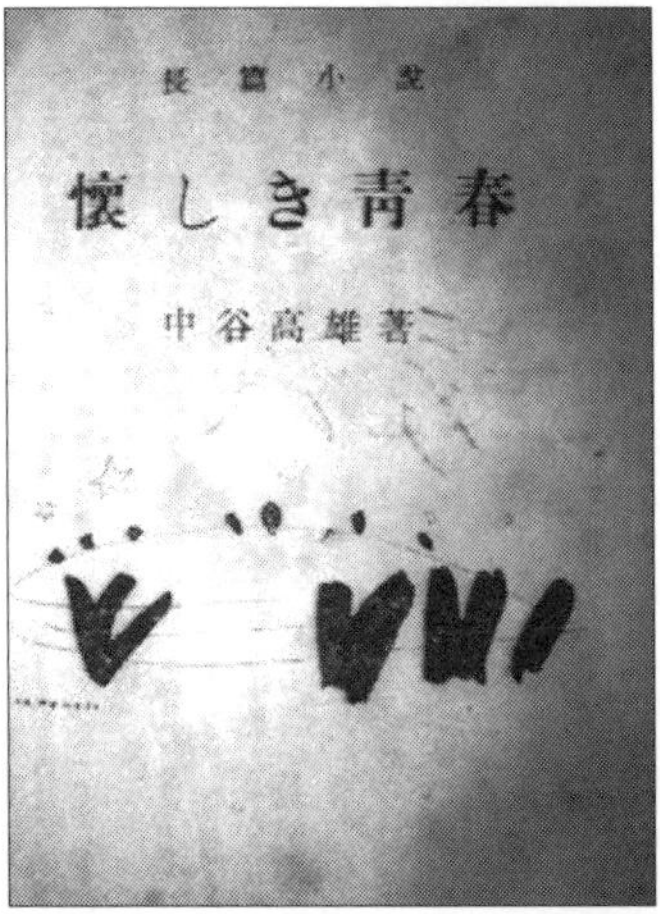

再度開き、別紙トビラのタイトルを見ると、著者名が何と中谷高雄となっているではないか。名前だけに、かなり目立つ誤植である。著者が事前にトビラの校正まで見せられることはまずないから、これは全く編集者のチェックミスであろう。本が出来上って中谷氏がこれを見たとき、どんな反応をしたであろう。むろん驚いたにちがいないが、中谷氏もその同人の一人であった『日本浪曼派』の作家たちは、戦後しばらくは戦争中、戦意高揚活動に加担したと見なされ、肩身の狭い思いをしていたから、彼らの小説をわざわざ出してくれる出版社にはいまひとつ頭が上がらず、文句もつよくは言えなかったのかもしれない。というのは刷り直しをせず、そのままこうして世の中に出たのだから。むろ

ん、これもあくまで推測にすぎないが……。もっとも戦時中は彼ら以外にも多くの作家、詩人が戦争を讃美するような作品を盛んに書いていたのだから、(とくに詩人は殆んどがそうだった)現在から見ると、日本浪曼派はある種のスケープゴートにされたわけだが。

ともあれ、原稿のネタがまた一つ見つかった、と誤植ハンターを勝手に自認している私としては秘かにニンマリした体験であった。

(二〇一八年一月二十日)

〔追記1〕

平成三十年七月初旬、タブロイド版の(四段組み両面)『大和通信』一〇九号(発行、大和郡山市、海坊主社)がいつものように送られてきた。一〇九号とは! その持続ぶりは驚嘆に値する。これは、富士正晴記念館の中尾務氏(現在は退職された)が毎号編集されている興味深いもので、主に故川崎彰彦氏や富士正晴氏と交流のあった人たちが彼らの回想や交流記、書誌的探求記などをエッセイに書いていて、いつも楽しく、あっという間に読めてしまう。中尾氏は近年毎号、「富士正晴調査余滴」と副題して様々なテーマで綴っているし、先頃亡くなった三輪正道氏もよく書いていた。前号には山田稔氏、今号では

『スムース』同人扉野良人氏も寄稿している。(むろん、毎号川崎氏のパートナーだった当銘広子さんも)

中尾氏によると、今年、富士正晴の戦前日記が長男の重人氏から館に寄託された由、他にも館には富士氏宛の多くの書簡や原稿などが豊富に保存されていると聞いている。それで、私はふと思いついて、前述した久坂葉子の本の誤植をめぐる事情が何か分らないものかと時たまハガキで交流のある中尾氏に今回も尋ねてみた。筆まめな中尾氏からはすぐに調べていただいてお返事をいただき、有難く思った。

中尾氏によると、前述の『私はこんな女である』は最初二巻本として企画され、富士氏と久坂さんの実家に申し出があったが、結局一巻本しか出ず、しかも実家が掲載を拒否した「幾度目かの最期」を強引に載せてしまった。そのため、関係者の非難が和光社に集中したが、そんな失態の中では誤植などはむしろ小さな出来事にすぎず、問題にもされなかったのでは、と中尾氏は述べる。ただ、上京後の井上靖氏と富士氏との関係はよくなく、「富士宛井上書簡は昭和二十七年に一通、そのあと昭和五十七年まで三十年間途絶えています」とのこと。これが前述の誤植事件のせいかどうかは不明だが、おそらくお二人は元々、気質的に相性がよくなかったのではないだろうか、と私は推測している。

それはともかく前述の出版の裏事情の一端が分り、中尾氏にとても感謝している。

（二〇一八年七月十一日）

〔追記2〕

平成三十年八月初旬に開催される神戸三宮、サンチカの古本展の目録が送られてきた。早速目を通してみると、前述のさつき書房の欄に、「長編小説　哀しき青春　中谷孝雄、弘文社、昭和二十四年」と出ているではないか。出版社や刊行年も同一なので、これは前述した『懐しき青春』の誤植表示だろうと直感した。しかも一月の同展で見た価格の半額になっている。私はしばらく迷った末、これでも資金的に厳しいので、「もし二回払いでよろしければ注文します」と条件をつけてFAXしておいた。そのため、半ばあきらめていたのだが、他に注文する人がいなかったのか、私の元に送られてきた（さつき書房の御親切に感謝！）。見ると、いかにも戦後まもなく造られたものらしい薄いボール紙のような表紙であった。ただ活字はしっかり読める印刷である。

（二〇一八年八月九日）

〔追記3〕

前稿から早くも二年が過ぎた今年の六月中旬になって、コロナの緊急事態宣言が解除されたので（現在は再び感染が拡大しているが）、久々に阪神電車を利用して割に近い住吉駅近くのブックオフに出かけた。

殆んど収穫はなかったが、均一台でふと見つけたのが島京子『竹林童子失せにけり』（編集工房ノア、一九九二年）であった。のぞいてみると、見返しに墨筆のサインも入っているではないか。この本、評判がよかったことは何となく知っているが、私は食わずぎらいもあって、今まで入手していなかった。

本書は『バイキング』同人だった神戸の作家、島さんの眼から、長年交流のあった富士正晴の生涯に沿って、その人と仕事を生き生きと描いている。表題の富士についての長文エッセイが半分以上占めているが、『バイキング』同人だった川野彰子、島尾敏雄、高橋和巳、三好郁男（精神科医）、武部利男（中国文学者）への追悼エッセイもある。この機会に読んでみようと、喜んで買って帰った。

まだあちこち拾い読みしている段階だが、七六〜七七頁の一節が目に止り、釘づけになった。少し長くなるが、引用させていただこう。

「昭和二十六年八月から二年間、富士正晴は毎日新聞大阪本社の資料部図書室に、臨時雇となって勤めた。このパート勤めに力を籍したのは山崎豊子と聞いているが、それまでにも、同じ毎日新聞にいた井上靖が、仕事世話してくれへんか、と、富士正晴から頼まれ、幾度も労を重ねていた。富士正晴は働き始めるが、――おれ風に世渡りする、それがおれの唯一の生存理由だからだ――という生得の色にまぶされた丙丁童子正晴の規則が顔を出し、しょせん上役が存在する勤め仕事は、いくら試みてもむりと思われた。立場を無視された井上靖は怒り、京都清水の産寧坂の電柱に富士を押しつけ、撲ろうとしたが、なんやおれを撲るんかえ、と言われ、あほらしくなってやめたということであった」と。

これは井上靖から直接聞いた話なのか、一寸あいまいだが、ともかく、こんないきさつが富士氏と井上氏の間にあったことを私は初めて知った。気質の違いに加え、こんな出来事もあったのなら、その後の長い間、二人の交流が途絶えていたのも当然だという気がする。

ただ、井上氏は富士氏の仕事そのものについてはその後も評価していたという。

（二〇二〇年八月五日）

神戸の歌人、犬飼武ふたたび――『小徑集』を読む

私は旧著、『編集者の生きた空間』(論創社)に収録した一篇で、英文学者で〈水甕《がめ》〉の歌人、犬飼武を中心に、その交友関係を次々と探求した文章を綴った。私の本を読まれていない読者のために、もう一度簡単に紹介しておこう。

犬飼氏は一九〇三年岡山の高梁市に生れる。高梁中学校を卒業後、関西学院大文学部英文科に入学、一年後輩に、竹中郁、坂本遼、青山順三ら、後に活躍する錚々たる連中がいた。大学四年のとき、学内誌『横顔』を創刊する。当時、東京から来神して、関学大のあった原田の森や三宮の「カフェ・ガス」で前衛芸術運動を展開していた岡本唐貴、浅野孟府らと関学英文科の学生たちとはよく交流するようになり、『横顔』の表紙も彼らが担当している。そこから、どんどん話は広がっていったのだが、ここでは省略しよう。

また、英文科学生時代、東京から赴任したばかりの若き英文学者、中村為治先生の教え

を受け、親しく交わり、中村氏が二年半程で東京商大へ移ってからも生涯、家族ぐるみで交流した（中村氏は、後に岩波文庫で出した『バーンズ詩集』の名訳者として知られる人で、私は同書で一章をとって照山顕人氏の論文を参照しながら、その生涯を紹介している）。

犬飼氏は関学大卒業後、龍野高女教諭を経て、神戸山手女子短大に勤め、後に教授となる。若い頃は、同級生の娘さんを通じて、犬飼氏の家族と親しく交わった俳人の加藤三七子さんの回想文によると、女子学生に大へん慕われた、あこがれの教師だったという。

かたわら、〈水甕〉同人になり選歌担当。歌集に『吉備川原』『愛哉』、奥様のアララギ会員、篤子さんと一緒に出した『小徑集』がある。歌人としては、同じ〈水甕〉同人で、明石市で書店を営んでいた木村栄次氏——戦前は古本屋をやっており、稲垣足穂とも親しく交友した人で、かたわら明石文庫を主宰し、戦後、足穂の新版『明石』を木村書店から出している――との長きにわたる交友も紹介した。木村氏が足穂との交友記を遺さなかったのが惜しまれる。

私の既述の文章は、まず尼崎の「街の草」さんで、偶然、犬飼氏の最後の歌集プラス散文集『後夜』（明石文庫、一九七三年）の散文集の方を見つけたことから始まり、その内容を紹介している。

この本を犬飼氏から原稿を丸投げされて編集したのが、奥様の篤子さんであり、彼女は巻末の「編者のことば」で、この種の本としては珍しく、亭主への日頃からの不満を率直にぶちまけている。それによれば、若い新婚時代はともかく、老年期になるほどに、亭主関白ぶりが強くなっていったようだ。彼女は文中で、夫婦で一九五九年に出した『小徑集』（二）の最後の方で、犬飼氏が載せている一首、「百貨店の玩具売場に共に来て老いたる妻に怒號を浴びす」を引きあいに出している。篤子さんはその折、よほど悔しい思いをしたのだろう。

犬飼氏は昭和五十一年、七十四歳で亡くなっている。

さて、私はコロナ禍がまだ始まっていない今年一月頃、「街の草」さんに出かけ、古本を漁っていたら、店主の加納氏が〝こんな本がありますよ〟と見せてくれたのが、前述した犬飼夫妻の歌集『小徑集』（京都、初音書房、一九五九年）であった！　見ると、紺色の帙入り、B6判変形、和装綴じ本二冊で、夫妻の毛筆署名入りである。加納氏の話によると、驚いたことに、ゴミ捨て場に置かれていたものと言う。〈水甕〉同人か誰かが亡くなられ、その奥様（?）が処分したものだろうか。そのせいか、格安でゆずって下さり、私はその日の幸運を喜んだ。

ただ私は短歌についても、ど素人なので、しばらく積ん読のままであった。それでもある時、思い立って、まず（二）の篤子さんの歌集から読み始めた。一九二四年から四三年までの作品と一九五二年から五九年までの作品抄が収められている。彼女の作品は、大ざっぱに言って、繊細な感受性をもって、身近な出来事や自然を観察し唱ったもの、家庭人（母、妻）として、子供たちや夫のことなどを唱ったものが大半であった。

ここでは、私の好みで心に響いたものをアトランダムに引用しておこう。

○夕されば遊びつかれて不機嫌になる子よあはれ父にかも似し
○湯上りの裸よろこび逃ぐる子を追ひまはりつつ天瓜粉塗る
○夜の雨に灯をうけし庭のすがしさや添寝の蚊帳をぬけ出でて見る

○午ちかくこころせかれて行く路地に酢をあはすらしき飯のにほひす
○遠ければ視點定まらぬをさな児をたかく抱き上げて見する飛行機
○身の疲れやしなふと来しふるさとにこころなじまぬいく日を過す
○泳ぎたる子がおのおのに水かぶり去にたる井戸に蟹出でてをり
○夢のなかに綴りてをりし文面をあかつき近くさめて思へり
○まなかひに淡路くもれる朝の海七夕の笹磯にただよふ
○いきどほりつつみて出勤せし夫をさびしみつつ着替をたたむ
○かへり来し夫の不機嫌つたはりてさびしく汁をあたためてゐる
○暴風雨吹く朝も柿の葉にしがみつきて飛ばされずゐるドウガネブイブイ
○言すくなき夫に随ひ半日を疲れて須磨よりひとり帰り来
○午後の暑さにワンピース着し老母が小さくなりて昼寝したまふ
○不きげんに夫が手渡す上着より街のほこりと陽のにほひする
○あはただしく朝片付にかかる前鉛筆一本丁寧に削る

沢山引用したようだが、これでも歌集収録の約二百首のうちの十六首にすぎない。夫のふきげんな態度を唱ったものがいささか多すぎたかもしれない。つまりは犬飼氏、外でがまんして穏やかに振舞っている分、家ではネガティブな感情が正直に表れる性分だったのだろう。今では見られなくなった〝蚊帳〟が出てくるのも懐かしい。最後の一首は歌人らしい生活風景の一駒であろう。

その後もしばらくは机上に置いたままだったが、コロナ禍が再び拡大してきた七月中旬、ふと思い立って、今度は夫君の歌集を読み始めた。犬飼氏の作品は戦後の一九四六年から五八年までのものが収められている。

さすがに犬飼氏の歌集は奥様のに比べると、外への広がり、社会性に富み、例えば交友や職場内（大学）での人間関係の困難や悩みにも及んでいる。例によって注目した作品を抜き書きしてゆこう（括弧内は私の雑感である）。まず「富田砕花先生」と題する歌五首から二つ。

○詩に痩せて先生は六十歳になり給ふ背がすこし曲るといふほどもなくて
○懶惰なる門下の一人が遠くゐて先生を恋ふ誇りとしつつ
（氏は他の歌で、二十四年前に先生に序文を賜ったと記している。第一歌集『吉備川原』の折だ

ろうか〈未確認〉）
○及び難き世代の溝を意識しつつ尚傾聴す論ともあらず
○一日八時間は一人ゐる室がいつか虚静に狎れゆかむとす
○めったにノックなき室に一人ゐて娼婦マヤを読み午後は聖書を読む
（ここでの「室」は大学の研究室だろうか。氏は敬虔なキリスト者であったようだが、背徳的（？）な小説も読む人間味を備えた人だったということか？）
○秋夜孤愁の自作漢詩を壁に読む化粧せぬ女性と木村と私と
（この木村とは、前述した生涯交友が密であった歌人で書店主の木村栄次氏のことではなかろうか）
○失語症とわれがなりゆく経路には妻の失語の背景があり
（具体的な病気ではなかろうが、夫婦の互いに与えあう影響の大きさを言ったものか？　妻も、前述の歌集の一首で「言すくなき夫」と言っている）
○海鳥らは昏れゆく波の上に浮び安定して吾の視野に入り来る
（氏の家族は戦後、明石に住んでいた由）
○あるポウズ君に示して来し吾が安堵すといへば無残に響かむ

○おもおもしき君が饒舌に抵抗し或は偽証と抹殺もしき

(医者である友人の妻（?）の不慮の死に接しての歌のようだ。微妙な人間関係の力学を捉えたものか?　この二首の歌は私の理解能力をいささか超えている)

○寅彦全集日記三巻を読み終へて美食家ならぬ吾が怖るる

○衰ふる吾をあはれみ妻が焼きし薄き肉片をゆふべは噛めり

○疑似冷淡ありありと見えてこの友ら浅田さんを夜の歩廊に送らず

ここまで読み進んで、次に「清潔なる画業」なるタイトルを冠した五首に出会い、私はアッと驚き、旧知の人に再会したみたいにうれしくなった。そのうち三首を引用しておこう。

○一水会会員林鶴雄が故郷龍野に疎開して清潔に画く風景

○友の絵の一號すらも買ひ得ざるわれが讃仰す鶴雄夫妻展

○清潔に清潔に君が画くゆゑ不逞の濁り嘗て希みき

というのは、私は昨年四月に出した『雑誌渉猟日録』（皓星社）の中に「渡仏日本人画家と前衛写真家たちの図録を読む」と題する長文を収録しており、裸婦像で有名な田中保から始まり、画家としては主に神戸出身の有名、無名の人たちの図録を次々発掘して各々紹介している。

その一つに春日野道の勉強堂で見つけた貴重な図録、『林鶴雄追憶』もあるのだ。詳細はその一文を読んでいただきたいが（211頁～214頁）、林氏はたつの市に生れ、龍野中学を中退。八年間、赤穂と神戸の小学校で図画を教えた。そのときの体験から名作「教室」や「をりがみ」などが生れた。神戸で林重義に一時師事、一水会に属して活躍。昭和二十年から郷里に疎開し、九年間、龍野に住んでいる。その後、藤田嗣治を慕ってフランスに渡り、帰国するまでパリで十五年暮した。奥様も画家で、元町の「神戸画廊」などで夫妻展も何度か開いている。この図

録には交流のあった文人、金田弘（詩人）、池田昌夫（英文学者、詩人）、山本武夫（俳人）らが追悼文を寄せている。

林氏は画才以外にも豊かな才能をもち、安田青風主宰の『白珠』に参加して短歌も発表していた。後に『巴里歌集』も出している。金田弘氏の回想によれば、龍野在住時代、犬飼邸で行われていた「童心艸房・龍野歌和会」にも参加していたという。

犬飼氏の前述の作品はその頃の交友の中から生まれたものだろう。

三首目は、林画伯の一貫した清潔な画風に物足りなさを感じたゆえの、ないものねだりの注文であろう。画家各々のもち味なので、画風を急に変えるのは困難なことだ。

○午前二時に眠剤を継いで服まむとす老いてあはれなり犬飼武
○年少の作家の書ける少年群のさびしき行為の一篇を読む
○五號車より下り立ちし妻は頬紅く童女の如き含羞を見す
（老年になっても、こういう歌がつくれるとは、やはり犬飼氏は愛妻家なのか、と思う。おそらく妻への会話の仕方が意に反して不器用な方だったのではないか）
○M型にはやや遠くして依怙地なる類型はかの助教授にも見ゆ

（M型とは、いわゆるマゾヒスティック性格のことか。人間観察が複雑・微妙で、今ひとつ私には実感がわかないが……）
○神戸を吾は溺愛す六甲の嶺に雪しろし三月中旬
○坂多き街を愛して日曜日の午後来てリラ苗なども買ふ

……そして、最後から四首前に、やはり奥様が引用していた「百貨店の玩具売場に……」の歌が置かれていた。愛妻家らしき歌をその前に読んでいただけに、何とも矛盾するこの歌を読み、私は複雑な心境を抱いた（世の亭主方よ、奥さまへの言辞にはくれぐれも気をつけて下さい！）。

もっとも、夫婦間の微妙な機微は他者には分らない面があるので、私の理解も表面的な印象にすぎないが。

以上、歌の引用に終始してしまったが、私は犬飼武氏も、神戸文芸史上、欠かせない文学者の一人として、もっと再評価してもらいたいと願っている。


（二〇二〇年七月二十七日）

マルチな芸術家、大町糺ふたたび――その図録と句集を見つける

私は平成二十三年に出した『ぼくの古本探検記』（大散歩通信社）中の一篇に、「カレー屋主人の出した文芸雑誌『いんでいら』を見つける！」を書いている。この本はひとり出版社の事情で、今は書店に出ておらず、入手できなくて残念である（絶版か？）。建築家、酒場のマスター、詩人、俳人、小説家、そして最後は画家としてマルチな才能を発揮した大町糺《ただす》の人と作品を、入手した本や雑誌をもとに私なりに紹介したものである。

残念ながら、この文章にとくに反響はなかったが、私には愛着が未だにある。その後、大町糺についてのまとまった文章は、一つも書かれていないようだ（自画自讃ですが……）。とくに季刊文芸雑誌『いんでいら』は、大町氏と交流のあった様々な文学者の随筆が満載で、実にユニークな雑誌である。その二冊、今は亡き三宮のロードス書房で偶然見つけたものだが、その後の古書目録でも私の知る限り、見たことがない（別冊を含め15号まで出

ていたという)。

再度、簡単に紹介すると、大町氏は大正二年小樽生れ、十三歳のとき上京し、堀口大学に師事してフランス文学の片鱗を学ぶ。京都へ移住してマネキン造りを研究。帰京後、堀口門下の城左門の推薦で『新青年』に探偵小説や挿絵を寄稿。昭和二十一年、久保田万太郎主宰『春燈』を安住敦と共に創刊する。昭和三十三年、句抄『舗道』(グラフ社)出版。昭和三十七年から『いんでいら』を刊行する。昭和四十年には小説『カリー伯爵の憂鬱』(甲陽書房)。昭和五十八年『さんもん劇場』(近代文芸社)を出した。五十二歳以後は本格的に画家の道に進み、昭和五十九年に『大町糺作品集』(求龍堂)を出版。画集出版(七十一歳)以後の消息は不明だが、すでに亡くなられたようである(没年は不明)。

最近、幸運にも大町氏の文献を二冊入手できたので、ここに各々報告しておきたい。

まず一冊。昨年だったか、私は久々に天神橋筋商店街にある美術書専門のハナ書房をのぞいてみた。

入って右側の本棚の殆んどが各種の美術展図録や画家ごとの図録でぎっしりつまっている。そこをあちこちとチェックしているうちに出てきたのが、やや小型で枡形、30頁程の『大町紀個展』の図録（フジテレビギャラリー、一九七二年）であった。私は「あっ」と驚き、ドキドキした。久々の大町氏との再会だったからである。ただ、こんな小冊子なのに、何と三五〇〇円の値が付いている。私は散々迷った末、その日は後髪を引かれつつ買うのを断念した。

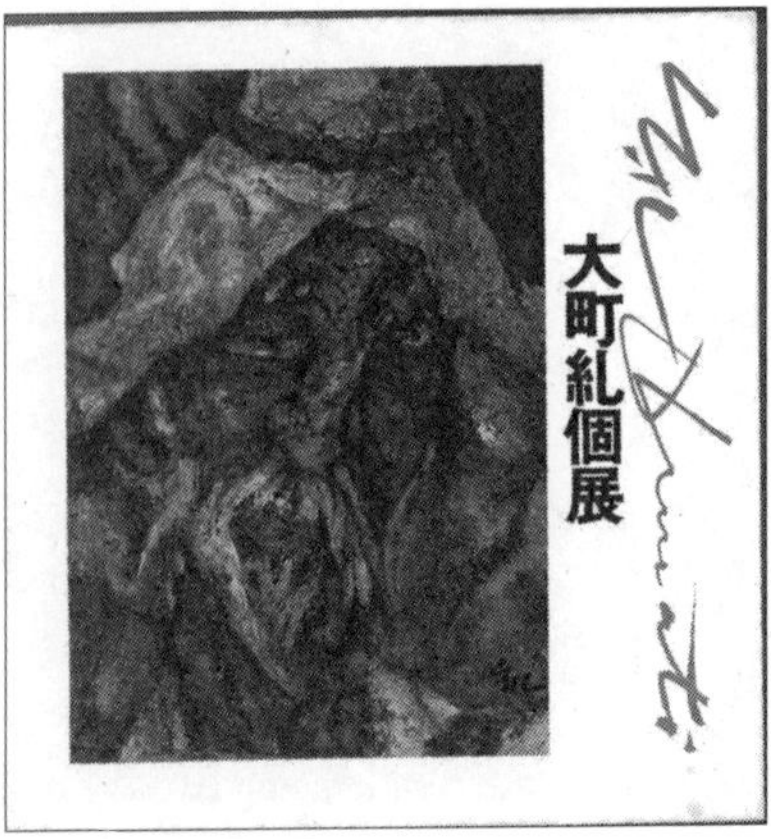

しかし考えてみると、大町氏のことを書いた者として、どうしても見逃したくない図録である。私に買われるのを長年待ってくれていたのではないか。そう思って数日後、やっぱり無理して購入しに出かけたのである。

表紙は「アラブの老人」と題する作品で、黄色のターバンを巻いた褐色の鋭いまなざしの老人の顔に、緑色を配したもので強烈な印象を受ける。中をあけると、右頁に大町氏がタバコを手にし、くつろいで微笑しているふっくらした顔の写真、左頁には氏の詩「偶作」が載せられている。氏の詩作品は珍しいので全文引用させていただこう。

人間と
空と
大地を描こう

点在する家々のかたちや
こぼたれた土壁たちが
どんなにぼくの詩心をそそるからといってもそれは
たまゆらに消え去る風俗にしかすぎないのだから……

あの行く雲におもいをさだめよう
原初こそは美の発想
モチーフを幾何学的に考えてはならぬ
造型は手段、感動こそ母なるもの

人間が人間をつくる
空も、大地も、樹木も人間
人間が人間をつくる

眼をとぢれば
茫々たる天地　そのさ中に彷徨のかげ一つ
見れば、わが身
絵箱かついでトットコトットコゆく……

ここには感動こそ美の原点、といった氏の創作姿勢がよく示されていると思う。収録作品はカラー図版が五点、モノクロが八点。

人物画が七点あるが、その中には「ステレオに耳かたむける安岡章太郎氏」もある。他にも図録には掲載されてないが、出品作に「作家小田嶽夫氏像」や「詩人像」——これは私の前書で紹介した作品集で見たが、おそらく生涯の詩の師であった堀口大学氏の像かと思われる――もある。

大町紀の絵画の特徴、その本質については、図録半ばにある美術評論家、田近憲三の解説「生ける魅力と大町氏」がズバリと的確に捉えている。少し長くなるが、一部を引用させていただこう。

「大町氏の作品は画家の常識と溶け合わない。その勝手な色彩の諧調、突拍子もなくとび出す原色、脂のような底からの感触――絵画の描写を円満さにおいて、程のよさを美徳と考える常識から言うと、それらは目をそむけさせる破調かもしれない。だが、その破調が判然と現れている場合こそ、大町氏の言葉がもっとも鮮明に語られる時であり、常識をこえて見る人をつよく引きつける時である」と。

確かに私も前述の作品集を初めて見たとき、その風景画が皆、歪んで波うつように荒々しく描かれていて、普通の美的感覚からすると、画面が迫ってきて、めまいを起こしそうな気がして、いささか抵抗感を覚えたものである。

人物画についても、田近氏はこう述べる。

「『ステレオに耳かたむける安岡章太郎氏』は肖像として描いている。だが、それも肖像画をこえた肖像であった。音楽にひと時をくつろぐが、その人物はまったく精悍である。

今にも立上るかとみえる作家だましいは、着衣の中にまでみちみちている。そこには強い反撥があらわれて、生きた人物が呼吸する。そしてそこにも戯曲が生きている」と。

最後の〝戯曲〟というのはダイナミックなドラマ性、生きたストーリーを感じさせるということだろうか。写真で時に見かける安岡氏の穏やかな風貌とは、大分異質の姿である。「釜ヶ崎の男」にしても、こんなひょろ長い顔なんてありえない、と思うほどデフォルメされていて、いっそ滑稽感さえただよう人物画だ。それだけに、人物の個性が際立っている。

当の安岡氏も一頁、エッセイを寄せていて、近所に住む大町氏はややダ・ヴィンチに似ている、と書いている。そして「私は、いままでのところ大町さんの多芸多能の秘密を一つだけ探り当ててゐる。それは大町さんが物事にまつたくこだはらない人だといふことだ」と。さらに大町さんに「うまいカレーをつくる秘訣は何ですか」ときいたところ、「色ですよ」「色が濃けりやカレーはうまいと思ふんです」と答えたという。「つまり、大町さんのカレーは〝絵〟なので」あると。うーん、なるほど!

次にもう一冊の収穫も紹介しておこう。

私は最近、コロナ感染が怖くて、殆んど家にこもっている。それで三月頃からやっと使い始めたスマートフォンで、〝日本の古本屋〟を時々探索するようになった。四月のある日、以前からお世話になっている新宿、西早稲田の〝古書ソオダ水〟の在庫目録を順々に見ていたら、大町氏の句抄『舗道』が出てきたのである。あっと驚き、すぐに店主の方に電話すると、まだ在庫はあるとのこと。早速喜んで注文したのは言うまでもない。

　届いた本を見ると、枡型に近い縦長の句集で、装幀は大町氏自身のすっきりした文字だけのもの。扉には東京タワー（?）を背景に冬の舗道を歩く氏の姿を写した写真がある。目次を見ると、仕事の場やテーマ毎に章が分かれ、「舗道Ⅰ・Ⅱ・Ⅲ」「酒場抄」「厨房抄」「建築抄」「胡桃抄」「童子抄」「巷塵抄」「戯心抄」「風旅抄」となっている。一頁に二句ゆったり組まれている。

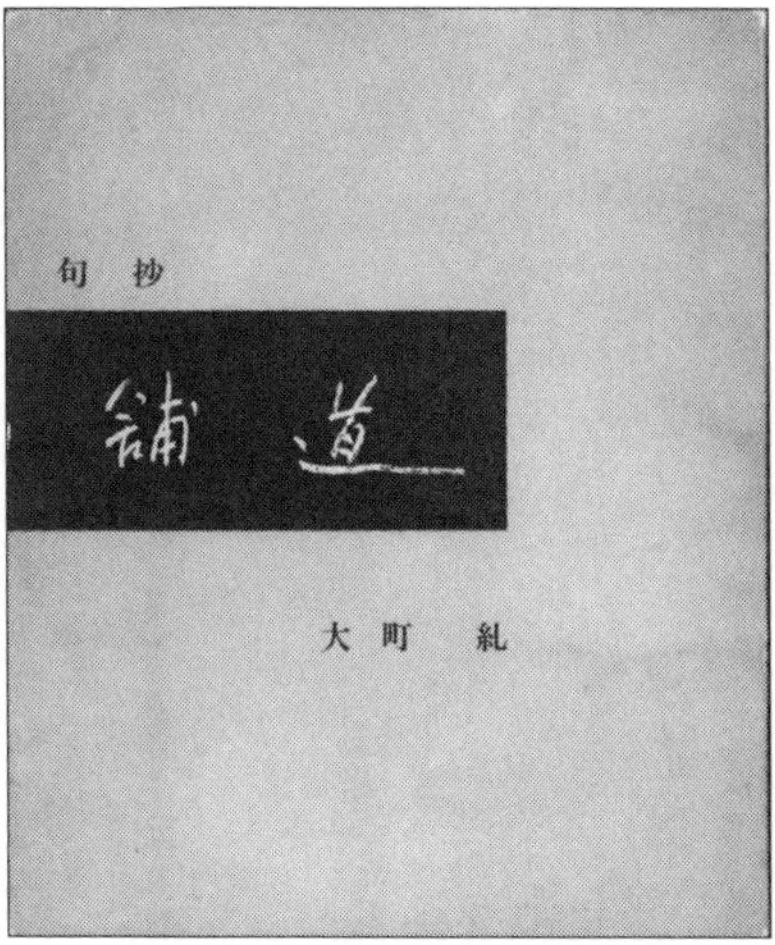

　タイトルが『舗道』になったのは「舗道Ⅱ」の序言に大町氏が書いている次の一文に拠るのだろう。「僕は舗道が好きだ。僕自身の生活に直結もし、季節の点景が僕を慰めてくれるから……。何か思ひあぐんだような時、また、何かを考へねばならないような時、僕は逆に舗道へ

出かけてゆく。そして行きあたりばつたりに歩き始める……」と。

さて、肝心の俳句の方だが、私は俳句にはど素人で、どういう句がすぐれているのか、さっぱり分らない。それでも、ざっと通読して、素人なりにこれはいいなぁと思ったものを次に列挙して紹介しておこう。

○ちるやなぎひとのまごころちりぢりに
○襟巻にのりし霰がいとほしき
○ベコニヤに揺るる乳房が駆け来たる
○ガーベラや舌がものいふ嘘ッぱち
　高見順氏像
○夏痩せの君立つや燈のくだるごと
○花冷えやナプキンに書く覚書
○玉葱をはがす一トひら春の雲
　カレーライス讃
○ききすぎてゐるはカレー粉雲の峯

○晝《ひる》顔やアルミ弁当ひそと開け
○鉄釘の打たれ入りつつ秋深む
○タイル貼る一枚づつの小春かな
○支那がゆを吹く眼をあげし朧かな
○薫風や皿になじめるチーズはぎ
ビヤホールで……
○そら豆の君にだけいふ話かな
○冬没日くるみはくるみだけの翳
○蝶々や鞄放れば吾子は無し
○凍天に花火のぼれり女《め》にゆかな
○風花や荷風の作をふところに
○はく足袋のこばせ光るや西鶴忌
那須
○しじみ蝶の胸にとまりしやさしさよ
浅草所見

○ドーランの貌が飯食ふ三日かな
　万太郎先生への無沙汰も
　　事ここに到っては……
○逢ひたさや逢はぬは逢へぬおでん吹き
○薄氷《うすらひ》をふむ音ききてよりの春

――前半は酒場やカレー店の厨房、建築現場での句が多い。後半では交流のある文学者を詠った句も入れている。以上、多彩な仕事に携わった大町氏の世界を少しはお楽しみいただけただろうか。

（二〇二〇年五月一日）

〔追記〕
実は忘れていたわけではないのだが（言い訳かな?）、『ぼくの古本探検記』で大町糺のことを書いて以来、とくに大町氏の編集発行した『いんでいら』のことが気になり、何とか他の号が少しでも手に入らないかと古本目録などに目を光らせていたが、全く見つからない。そこで仕方なく、図書館に所蔵するところがないかと調べたところ、結局国会図書館にだけ、それも9、12号のみあることが分った（千里図書館で調べてもらった）。それで、国会図書館に連絡して、たぶん先に目次を送ってもらい、気になるエッセイをアトランダムにわずかに選んでコピーしてもらった（何しろ、この館はコピー代が一枚百円なので、予算が乏しい私にはなかなかつらいのだ）。そのコピーの一束を引越しの折も新居のマンションに大切に持って来たのだが、本棚のどこに横積みしたのか分らず、なかなか探し出せなかったのだ。やっとコピー類の山底から引っぱり出し、ホッとしている。

9号（一九六五年六月）からは大岡龍男「近松秋江」、木下夕爾の詩「宍道《しんじ》の宿にて」、吉田一穂「黄金律」、十和田操「となりの孫」、阿木翁助「刷り直しのこと」を。

12号（一九六六年十一月）からは木山捷平「報告」、島村利正「一本の松」、戸板康二「カーテン・コール」、八匠衆一「避暑」、津村節子「旅の効用」、他であった。

このうち、とくに印象に残ったエッセイを簡単に紹介しよう。大岡龍男「近松秋江」では、戦後自宅に訪れた、愛読してきた敬愛する秋江氏の意外な実像を伝えている。大岡氏は秋江氏がもっと二枚目だと思っていたのが「風采のまことにあがらない類のこけた頭髪にウェーブをかけた先生」と描写している。それ以来、熱海の先生と文通をひんぱんに続けたが「なにごとも自分のこと以外は本気になれぬのか文章を雑誌に世話なぞして下さらなかった」などと正直に書いている。

阿木翁助の「刷り直しのこと」が私にはとくに興味深い。阿木氏は「大町紀とは不思議な人物である」と書き出している。

『いんでいら』はまことに異色のPR誌だが、その第一号が出たとき、久保田万太郎先生に「これはいけません」と言われ、何千部か（筆者注・そんなに多く刷ったとは思えないが）の全部を刷り直したという。ところが最近の号に、○○さんの「薔薇の○」という題が「薇薔の○」（筆者注・つまり、ありがちな上下逆の誤植である）となって製本されて来たので、「それに気づいた彼は、『いけません』と自分で言って、何千部かを全部刷り直した」とあるので驚いた。阿木氏は「いづれにせよ、季刊誌『いんでいら』が大町紀の文学的ダンディズムでつくられていることだけはまちがいがない」と結んでいる。

島村利正の「一本の松」は氏の故郷である信州、高遠にある実家の庭に立つ太い松の木と、それをめぐる家族の歴史をしみじみと語った好エッセイ。戸板康二の「カーテン・コール」は氏のエッセイ集に収められていると思うが、改めて読んでもその発想が面白い。演劇のカーテン・コールは歌手や演奏会のそれと異なり、例えば劇の最後に落命した美女が直後にそのままカーテン・コールで笑顔で挨拶するのは何となく工合が悪いもの、と言う。「そのまま、観客に、その不幸な印象を保存させるのが、ほんとうかも知れない」と。それには演出が必要だとし、成功した、印象に残る外国で観た演劇の例をあげている。私も昔、若き頃、労演の劇を時々観たものだが、なるほどそうだったなぁと感心した。これはＴＶでも、感動したドラマや映画のすぐあとに関係ないコマーシャルが入って、ぶちこわしになるのと似ている。

ごく一部の紹介のみで終ったが、私は『いんでいら』がどこかの古本屋でひょっこり出現するのを秘かに願っている。

（二〇二〇年五月十日）

〔付記〕

なお、木下夕爾の一頁内の短い詩「宍道の宿にて」は架蔵の『定本　木下夕爾詩集』（牧羊社）で調べてみると、最後の作品の一つ前にちゃんと収録されていた（全詩集に未収録かも？　と少々期待していたのだが……（苦笑））。ただ、巻末の作品一覧には、これだけ初出誌の記載がなかった。木下氏の遺稿メモに残っていなかったのだろう。

浅野詠子『彫刻家　浅野孟府の時代――1900-1948』を読む

表題の本が昨年十月に批評社から出たことを私が知ったのは、三月中旬、たまたま梅田で友人と会ったあと（コロナ感染拡大中に出かけるのはヒヤヒヤものだったが）、せっかく梅田へ来たのだからと、茶屋町のジュンク堂書店まで足を伸ばして寄った折、一階の雑誌コーナーで「図書新聞」最新号をのぞいた。そこに別稿に書いたように、気になる編集者の追悼記事があったので、買って帰った。その同じ号に、皆川勤という評論家が同書の書評を書いていたのである。ほぉ、珍しい評伝が出たものだ、というのが最初の印象であった。

早速書評を読んだが、皆川氏も最初に、浅野孟府の名を知ったのは、中学生時代に白土三平の『忍者武芸帳　影丸伝』を感動して読み、その後、白土の父親が岡本唐貴という前衛的プロレタリア画家であり、岡本氏と若き日親交があった仲間として、浅野氏を記憶に留めていただけなのだと断っている。氏は著者の文章を何度も巧みに引用しながら、この一般には知られざる芸術家の生涯を詳細に紹介しており、「著者の視線は、孟府に対して優しく注がれていく」と評している。

私の方では、以前から神戸の文芸史、芸術史に関心をもっており、とくに昭和初期に前衛芸術運動の中心的な担い手として、岡本・浅野両氏が活躍したことはよく知っており、私の『編集者の生きた空間』（論創社）でも浅野氏は断片的ながら何度か登場している。それに以前、古本屋で見つけて手に入れた貴重な『浅野孟府彫刻作品集』（一九八六年）も、神戸へ引越しの折、他の多くの図録とともに手離すまでは持っていたのである（今となっては、返す返すも悔やまれる）。ただ、浅野氏の詳しい生涯、とくに昭和初期、神戸から東京へ、そして大阪の大東市東野田に移り、アトリエを構えた以後の仕事や他の芸術家たちとの交流については殆んど知らないので、ぜひ本書を読みたいと思った。

それで、すぐに批評社にＦＡＸで注文し、そこに私の一寸した関心事のことも書き添えておいた。すぐ本が届いたので、早速興味津々で読み始めたのだが、しばらくして、本書の著者、浅野詠子さんから直接お手紙が届いたので驚いた。どうやら私の送ったＦＡＸの文面を編集部の担当者が浅野さんに転送か連絡して下さったらしい。そのお便りでも本書のあとがきでも断っておられるが、著者は同姓だが、身内の人ではない由。私はうれしくて早速、お礼の手紙とともに昨年出した『雑誌渉猟日録』を献呈した。

さて、本書を紹介する前に、浅野孟府を知らない読者のために、巻末にある八頁もの詳しい年譜に基づいてその生涯を簡単にまとめておこう。

明治三十三年、金沢市に生れる。大正六年、東京府立工芸学校を卒業、戸田海笛に木彫を習う。賀川豊彦の自伝的小説『死線を越えて』に感銘を受け、神戸の、小説の舞台近く（今の新神戸駅近くか？）に住む。二十歳の頃、布引の滝でスケッチ中、たまたま岡本唐貴と出会って意気投合し、共に上京する。食い詰めた末、戸田海笛宅に居候する。大正九年、現東京芸大塑造科に入学し、北村西望に学ぶ。大正十二年、古賀春江、横山潤之助らと「アクション」同人として二科展に出品。関東大震災に遭い、神戸市外原田村三五一番地の古い洋館に移る（当時、化物屋敷ともうわさされた）。三宮の「カフェ・ガス」で岡本とともに個展を開く。大正十四年、交流のある関西学院大文学部の学生による文芸誌『横顔』創刊号、2、4、6号の表紙を担当。十四年、「劇場の三科」（築地小劇場）の舞台に出演。東京に戻り、昭和二年、オープンした紀伊国屋書店で個展を開く。また坂本遼の詩集『たんぽぽ』の口絵を描く。まだ大学生だった、後の美術評論家、土方定一のギニョール劇団「テアトル・ククラ」に参加して人形を造る。昭和四年、大阪に移り、最後に大東市東野田に定住。以後、「人形トラニク座」に参加したり、様々な左翼系の劇の舞台装置を担当する。「大阪人形座」を仲間と旗揚げするが、そこに後の東宝映画「ゴジラ」の怪獣造型作者、利光貞三も参加した。昭和十七年、東宝映画『ハワイ・マレー沖海戦』の特撮美術を担当。昭和三十年、一陽会の彫刻部創立会員に。夕刊紙「国際新聞」の連載時代小説の挿絵を担当する（たしか一時、詩人の清水正一が文化部デスクとして勤務していた、堂島にあった社だと思う）。昭和三十四年、弟の龍麿が監督した毎日放送、TVドラマ「鉄腕アトム」のアトム頭部を作る。昭和五十一年、「戦前の前衛展」（東京都美術館）に「腕を組む女」を展示。昭和四十三年、大阪彫刻会議の副会長に。以後、梅田の東宝画廊で大泉米吉との二人展や作陶展など開く。昭和四十八年、大阪芸術賞を受賞。昭和五十九年、八十四歳で死去する。「大阪の女」が大東市市民会館ホールに展示されている。あまりに

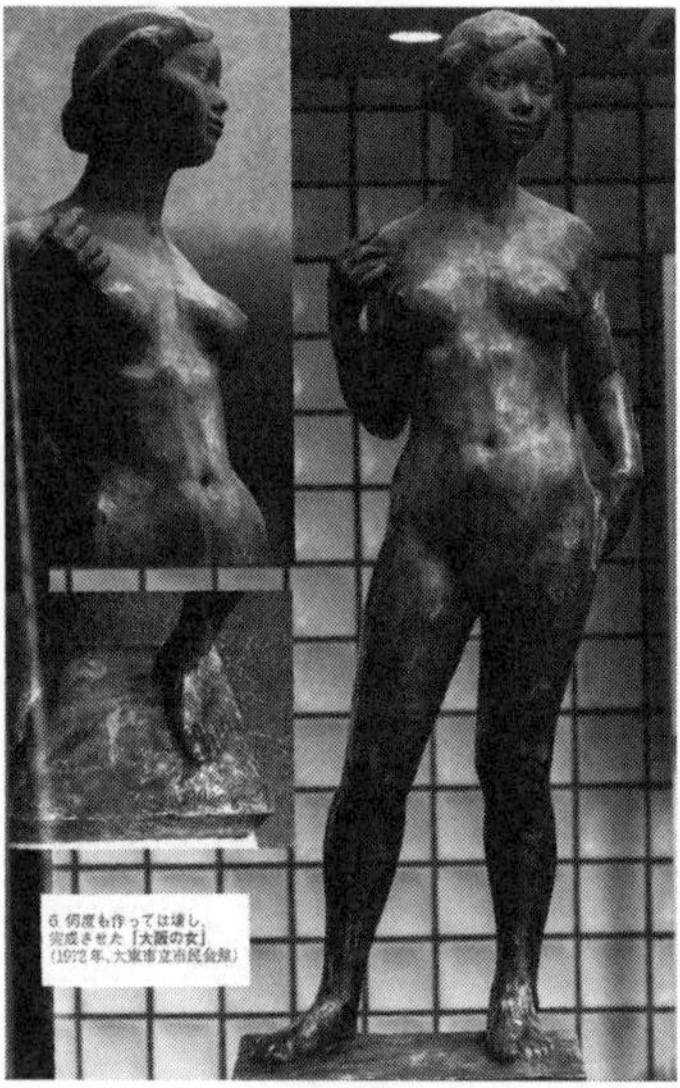

大阪の女（1972）

も業績や項目も多いので、とくに戦後の仕事は大幅に省かせてもらった。

ようやく本書の内容に入るが、著者の浅野さんは略歴によれば、青山学院大経営学部を出て、奈良新聞の記者として勤め、その後フリージャーナリストになった人だけに、二年余りかけて、孟府の三人の息女の方や親族の方はもとより、少しでも交流のあった人々にもれなく地を這うような取材を続け、聞き取りをしている。文献の方も前述の作品集を始めとして、孟府が参加していた同人誌『煙』の追悼号（50号）――この同人誌は一、二年前京都、大阪の古本祭りで大量に出品されていたのだが、私は追悼号を見逃してしまった（十三人が執筆している由）、次男、潜氏の記者生活の自伝、岡本唐貴の回想文――これは重要文献だが、私は不勉強で未読――、阪本一房『大阪人形座の記録』、季村敏夫『窓の微風』など丹念に博捜して参照している。

その結果、意外な人と孟府とのつながりや新たな作品の発見などが次々と現れ、驚かされる。

その例をいくつかあげておこう。

まず、昭和五年頃、東野田で旗揚げした人形芝居「トンボ座」に孟府も参加したが、元書店の経営者、国田弥之輔が氏の屋敷の二階を提供した。その隣地に越してきたのが、後に詩人として活躍した十七歳の港野喜代子父娘であった。港野さんの年譜に出ているという。

下着デザイナーの鴨居羊子は人形造りも好きで本も出しているが（『M嬢物語』）、元々孟府の彫刻が好きで愛蔵していた。その一つは大阪八幡筋の道具街で、たまたま目に止って購入した、作者名が分らない女性のブロンズ像であった。数年後、孟府が事務所に訪ねてきて、『戦前の前衛展』（東京都美術館）出品のため、十年程前に梅田画廊で買ってくれた孟府の作品を貸してくれないか、と言う。その時、鴨居さんはひらめいて前述の彫刻も見せると、孟府は驚いて、「これはボクの青春の、幻の作品で、『腕を組む女』です」と答え、即座にこれを出品作に決めたのだという。彼はいったん作品を仕上げると、未練なく手離す性質《たち》で、それより作品を造る過程――何度も造っては気に入らずに壊す作業を楽しんだそうだ。

「アクション」同人の鬼才、知られざる洋画家、横山潤之助とは東京時代、小石川区にあった川端画学校で知り合っている。私が知らなかった画家だ。そのそばのアパートに林芙美子が住んでいた。芙美子さんが『放浪記』の中で、二階の窓から見える川端画塾の生徒たちの様子を書いている（引用あり）。横山氏は大正期に大活躍したが、東京大空襲で作品三千枚が焼失、本人の行方も分らなくなった。ところが、昭和五十一年、鎌倉の神奈川県立近代文学館で「大正期の洋画展」を企画した際、学芸員、朝日晃は潤之助の「卵形の顔」の他に何とかもう一点加えたいと、苦労の探索の末、潤之助の友人だった孟府に聞き取りした。彼の口から、二十四歳のころの孟府をモデルに描いた潤之助の「友の像」を友人の画家、野間仁根にゆずったことを知らされる。はたして、その絵は野間氏の家で発見された。朝日氏の執念の調査によって、潤之助は生きており、岐阜市の精神科病院の職員として五十五歳、定年退職するまで働いていたことが分った。在職中は一切絵筆を握らなかったという。

また、昭和五年、『戦旗』の文学講演会が大阪で開かれた際、中野重治、大宅壮一らとともに小林多喜二も来阪し、多喜二氏は一晩、孟府宅に泊っていった。孟府は後になって多喜二だと知ったという。

さらに、孟府のアトリエには色々な文学者も訪れており、戦前、神戸にいて、帝国酸素に勤め、創元社から『スタンダール』の翻訳を出していた大岡昇平も来ていたことが、孟府の次男、潜氏の証言によって分った。いわば、関西の文化人のサロンの場でもあったようだ。詩人で画家の尾形亀之助とも若い頃、友人だった、と年譜にある。

他にもいろいろとあるのだが、このへんで止めておこう。

孟府の人間像にも一寸ふれておこう。交流のあった様々の人の共通した印象によると、つねにひょうひょうとした雰囲気で人に接し、どこか気むずかしいところがあって、余計な話は殆んどしない人だった。俗事から超越したところがあり、よく財布を落としていたという。ただ、着こなしのセンスは抜群で、晩年になってもダンディだった。これは晩年の個展会場（東宝画廊だろう）での写真にも窺われる。彫刻制作に関しては、納得がゆくまで徹底的にこだわり、ために納期のある依頼彫刻もしばしば間に合わなかったようだ。それだけに、口絵や本文に掲げられた作品、とくに裸婦像を見ると、躍動感にあふれ、何ともいえない魅力を備えている。口絵にある人形劇「羅生門」で使われた三体の人形も、鴨居羊子がわれを忘れるほど驚嘆したように、まことに凄みのあるリアルなものであり、一度見たら忘れられない作品だ。

本書の特徴の一つは、孟府の生涯に沿って、当時の貴重な写真が豊富に掲げられていることである。神戸時代、前衛美術グループ「ＤＶＬ」の仲間たちと孟府が第四回県展の館の前で写っている写真など、私は初めて見た。孟府だけでなく、その周辺の芸術家や文学者にも多数言及し、時代の動きと空気を伝えている。文章も、記者出身だけあって、平易で躍動感がある。

孟府をすでに知っている人はもちろん、多くの美術好きの人たちにぜひ読んでもらいたい好著である。

（二〇二〇年四月十五日）

〔追記〕

私が出したお礼のお便りに、浅野さんから二度目のお返事をいただいたが、その手紙で本書文中に出てくる島田耕氏は青山順三の甥に当る人だと教えていただいた。青山氏は私の『編集者の生きた空間』で何度か登場したように、神戸の文芸史の隠れたキーパースンである。関学大文学部英文科出身で、竹中郁や坂本遼と同級。演劇関係に進み、東宝大争議で退社後は淡路島の妻の実家に住み、神戸の民衆詩人、林喜芳氏らの『少年』の同人になった。とくに林氏とは交流が深かった。その著作『なつかしの一九二〇年代　築地の新劇・浅草の歌劇の人びと』（グロリア出版）や神戸時代の回想記は貴重である。

孟府の弟、龍麿氏も東宝争議で東京を追われたスタッフの一人で、退社後独立プロを興した。島田少年はそのときまだ十五歳で、東宝で働いていた関係で、龍麿氏に声をかけられ、映画界入りした。書かれていないが、青山氏が身内として東京の同社へ呼んだのではなかろうか。島田少年は孟府が弟の独立プロの商標像を制作する現場に数日間立ち会っている。

なお、私は創元社在社時代、誰の個展のときかは全く忘れたが、孟府氏が何度か個展を開いた梅田の東宝画廊をたまたまのぞいた記憶がある。その折、ひょっとしたら孟府氏も来ていたかもしれない……、などと空想すると楽しい。

（二〇二〇年四月二十日）

〔付記〕

書き忘れたが、季村敏夫『窓の微風』巻末に、孟府氏が交友のあった大阪の詩人、港野喜代子さん（『凍《こご》り絵』など三冊の詩集を遺し、六十三歳で急死した）について、研究者から受けたインタビューの記録が載っている。孟府氏晩年の肉声がよく伝わってくる興味深いものである。港野さんは、司馬遼太郎、足立巻一、杉山平一氏など多くの文学者から、その天真らんまんで童女のような人柄を愛された詩人である。孟府氏も「彼女はじっとしていられない。それはあんた、活きのいい魚みたいな娘さんだからね。はきはきしてたんです」とその若き日の印象を語っている。

（二〇二〇年八月二十五日）

知られざる大阪のデザイナー、森脇高行との出会い

――『だいまる』表紙デザインを中心に

もう十年以上前になるだろうか、私はたしか神戸の古本展（サンボーホールだったか？）で『素描』（第一号）という同人雑誌を見つけた。ガリ版刷り、二段で組まれた22頁のもの。目次を見ると、四人の未知の人が各々ロシア文学（トルストイ、ドストエフスキー『貧しき人々』）、スタンダール、ショパンについての評論を載せている。おそらく若手の外国文学研究者の手になるものだろう。奥付には、昭和十六年七月発行と、タイトル、編輯者が、筆者の一人でもある三樹青生、としか記されていない。今から考えると、発行者の住所が書かれていないのは、太平洋戦争勃発間近の発行だから、当局の検閲を恐れたからかと思われる。

私は外国文学には全くうといので、ふつうではスルーするのだが、表紙の線描の裸婦像やとくに口絵頁に貼りこまれた色彩木版の婦人像（次頁左図参照）に魅かれたので、買い

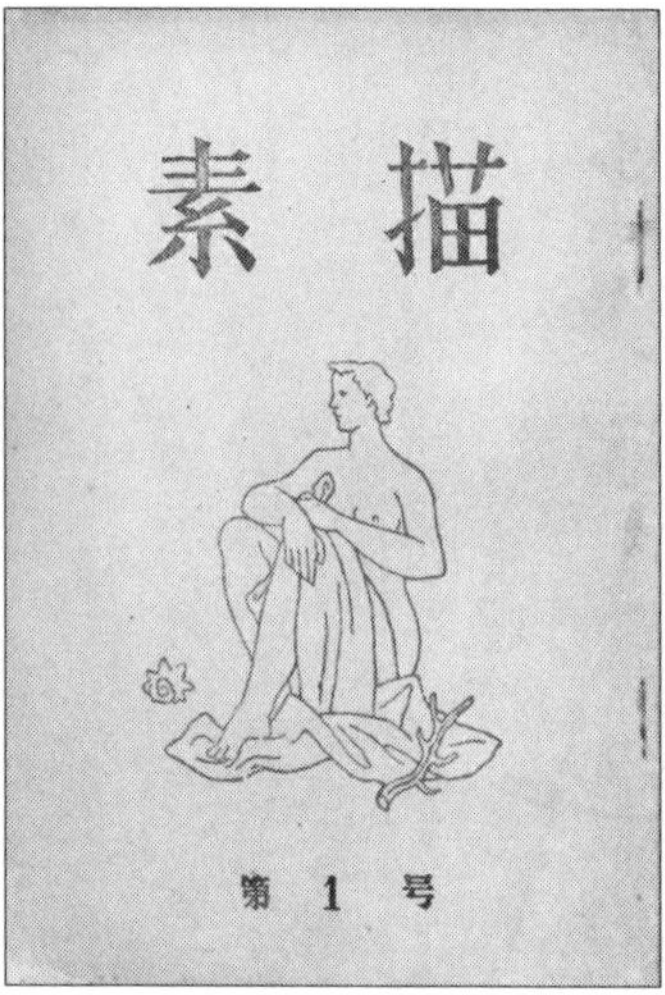

求めたのである。昭和期の同人誌に木版口絵が入っているのは珍しい。その画家の名は目次に入っており、〝森脇高行〟となっていた。無名の画家なのか？　私が全く知らない人物である。本文の方はパラパラと目を通した位で未だにちゃんと読んではいない。

以来、その森脇高行という画家のことが気になりながらも、何の手がかりもないまま、日は過ぎていった。

ところが、である。私はフリー編集者になってから、美術史の大家で無類の古書蒐集家でもある、現在は大阪大学大学院教授で同大学総合学術博物館教授である橋爪節也先生と知り合い、先生の企画編集で創元社から『モダン道頓堀探検』（二〇〇五年）を出した。

これは橋爪先生が大阪の古書展でその一冊を発掘した大正期の珍しい雑誌『道頓堀』——小出楢重や宇崎純一も表紙絵を描いている——に載っている、同商店街の横並びの店々のイラストを各頁上部に掲げながら、各店をめぐる当時の情景を八人の研究者が軽妙な文体で解説したもので、先生が主に蒐集した当時の写真や紙図版も下欄に満載された楽しい読み物になっている。カバー装幀やオビ、組版レイアウトは大阪のブックデザイナー、浜崎実幸氏の苦心の手になるもので、斬新で楽しい出来になっている（つい、宣伝になりましたが、未読の方はぜひ一度、手に取ってごらん下さい）。先生は当時、並行して、もう一つの大正後期〜昭和初期の大阪の商店街、心斎橋をテーマに企画し、国書刊行会から『モダン心斎橋コレクション』も続けて出版された。こちらも先生が蒐集した貴重な図版約六百点がオールカラーで掲載されており、目で見るだけでも楽しい本である（本書は三人の研究者の共著）。

本書には、とくに心斎橋にある百貨店、「大丸」や「そごう」、「高島屋」の建築空間の写真やそこから出されていたPR誌、印刷物なども豊富に掲載されている。私は折々に楽しく眺めていたのだが、あるとき、大丸の広報誌『だいまる』の表紙図版を数点見ていたら、一頁大の図版二点（83頁、85頁）の下の隅に小さく、MORIWAKIなる縦並びのサインを見つけたのである！　いずれもすっきりとモダンで、エレガントな女性、男性の横顔を見せる姿態で、明るい色彩の配合がとりわけ素晴らしい。当時の女性客の多くがこの『だいまる』の表紙に引きつけられて手に取り、ますます購買意欲に駆られたのでは、と思わせられる。このＭＯＲＩＷＡＫＩは、あの森脇高行のことではないか？と、胸の動悸が高まった。ただ、解説には「当時の大丸宣伝部に在籍した優秀な宣伝マンについてのエピソードを聞いたことがあるが、これを見ればうなずける話である」とあるだけで、森脇氏の名前はあげられていない。しかし、可能性はありそうだ！

下の名前さえ一致すれば、同一人物と確定されるのだが……。あれこれ思いめぐらしているうち、私はふと、これも昔、古本で入手して架蔵の『日本デザイン小史』（ダヴィッド社、一九七〇年）のことを想い出した。これは明治、大正から一九七〇年（万博の年）位までの日本デザイン界の歴史を当時も活躍した五十八名の現役デザイナーたちが、各々の仕事の歩みや周辺の事情、横の同業者組織の動きなどを大体年代順に回想した文集である。例えば私の知っている人だけでも、今和次郎、吉田謙吉、北園克衛、原弘、今竹七郎、山名文夫、室田庫造（『広告界』編集長）、河野鷹思、亀倉雄策、奥山儀八郎など多士済々の人が書いている（これは古書価もけっこう高い本です）。

本書も通読には至らず、主に著名デザイナーの回想文を中心に読んだのだが、実に興味深い内容だった。その中に今竹七郎の一文、「昭和のはじめから戦後まで」があった。今竹氏は昭和二年神戸大丸へ宣伝部員として入社、昭和六年、大阪の当時は長堀橋にあった高島屋に転じて活躍したデザイナーである。神戸時代、フランスから帰国したばかりの写真家、中山岩太と出会い、「神戸商業美術研究会」を結成している。高島屋に移ってからも、神戸の独立美術の画家、林重義の教えを受けている（そういえば、私は数年前、西宮市立大谷記念美術館で開かれた今竹七郎展を観たことを想い出した）。今竹氏は、当時の大阪デザイン界をふり返り、まず松竹座美術部の山田伸吉のオリジナルな映画広告のレタリングの斬新さをあげている。その他の当時活躍していたデザイナーをあげている文中にこうあったのである。「……（前略）大阪大丸の森脇高行、三越の持田卓二もその名をよく知られた。森脇は東京美術学校出身、持田は院展の日本画出品者であった。」と。私は一瞬、この箇所に釘づけになり、「やっぱり、そうだったか！」とうれしくなった。あの木版口絵の画家と同一人物だったのだ。とはいえ、本書で森脇氏の名前が出てくるのはここだけであり、氏の詳しい仕事内容の紹介は全くない。

もっと森脇氏のことを詳しく知りたいと思いながらも、しばらくはその手がかりもなく

途方に暮れるばかりであった。ところが、である。昨年夏、神戸へ転居したのをきっかけに、私は今までもたまに調べものに行ったことがある大倉山の市立中央図書館へ出かけた。というのは、その前に、同館の相談係の若い司書の女性に電話をかけ、関西のデザイナーの旧い年鑑か歴史などの本で、森脇高行という人が載っているものがないかと尋ねておいたのである。その折は不明との答えだったが、その方はその後も熱心に調べて下さったようで、宮島久雄『関西モダンデザイン史―百貨店広告を中心として』（中央公論社美術出版、平成二十一年）という本の中に、森脇高行のことが出ている！　といってわざわざ連絡して下さったのである。書名と目次で検索して下さったのだろう。私は飛び上がらんばかりに喜んだ（その司書の方のお名前は伺ってないが、ここで改めて感謝致します）。受付で取り出してくれた本書を見ると、A４判、三〇〇頁余りの堂々たる大冊。目次には、序説――在阪百貨店成立小史、から始まり、第一部が〃新聞広告の近代化〃となっており、白木屋、

大丸――森脇高行、柴田可寿馬、高島屋――高岡徳太郎、今竹七郎、と各章が続いている。第二部でも、ランラン広告――今竹七郎やアベノ近鉄――早川良雄、阪急百貨店――中島康雄、の章があり、大へん興味をそそられる。私は高岡徳太郎、今竹七郎や早川良雄のところも読みたくなったが、今回は森脇高行の項だけで22頁あり、自分で一枚ずつコピーを取らないといけないので、その部分をドタンバタンとコピーして持ち帰った（むろん、その後で、また郷土コーナーの開架式本棚で、神戸の詩人の詩集や同人誌もしばらくチェックしたが）。

本書の奥付頁の著者略歴によれば、宮島久雄氏は一九三六年大阪に生れ、京大大学院修士課程修了。大阪芸大、京都工芸繊維大、京大などを経て、かつて万博公園内にあった国立国際美術館長として一九九八年から二〇〇五年まで勤めている。その後二〇一四年まで高松市美術館長を勤めた。主な著書に意匠学会賞を受けた『関西モダンデザイン前史』があり、これは私、大阪の図書館で見たことがあるのを想い出した。たしか浅井忠の図案の仕事についても書かれていた、と思う。これも本書と同社刊であり、大冊であった。帰ってすぐに興味津々でコピーを通読したが、そこで知り得たことをかいつまんで紹介しておこう（大幅に省略しているが）。

本書は大正から昭和にかけて、大阪の百貨店、大丸、そごう、高島屋などが競争、発展しながら、新聞に載せた広告活動を、それを担った主な図案家、今でいうデザイナーの仕事に沿って詳述し、独自の「日本のモダンデザイン」が生まれるに至ったいきさつをまとめたものである。類書のない、実にユニークな研究成果だと思う。私共、編集者の眼から見ると、新書あたりのコンパクトな内容にまとめても、読者を獲得するのでは、と思われるが。

本書は本文の上半分位を広告作品の図版のスペースに当てており、作品を参照しながら本文が読めるのも有難い。

まず、大阪の百貨店のなかで最初に新聞広告図案の近代化で、すぐれた成果を上げたのは大丸であり、それには図案家、森脇高行の果たした役割が大きかったという。

ただ、森脇氏についての資料は少なく、大正十四年三月に東京美術学校を卒業したこと以外、出生地なども不明という。同年春に大丸に入社したらしいが、その頃はまだ洋画家への夢があったのかもしれない、と宮島氏は推測している。森脇氏は図案部に戦後まで勤務したという。

さて、私が一部を見た広報誌『だいまる』だが、宮島氏が見得た一番古い号の巻号数から遡ると、大正五年から発行されている。大正十四年五月号の表紙はそのサインから山名文夫が描いたことが分る。若き日の山名氏はその頃プラトン社にいて、『女性』の表紙を山六郎と描いていたが、自伝によれば他社の仕事も時々していたという。山名氏から表紙デザインを引き継いだ森脇氏は『ヴォーグ』や『ヴァニティ・フェア』などの西洋情報誌のカットを参考にしながら徐々にモダン洋風装画へと洗練させていく。最初の頃は油彩画の婦人像だったが、大正十五年三月以降は線描画に色彩を乗せたアール・デコ調に変化してゆく。

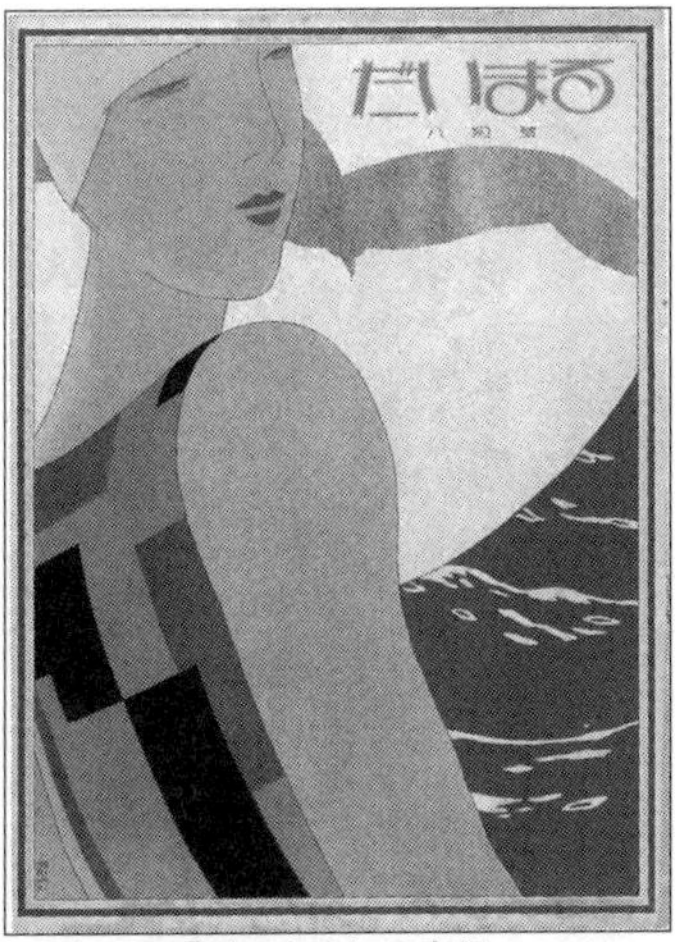

『だいまる』の表紙

『だいまる』は全頁アート紙を使った二〇頁前後の冊子で年四回位の発行だった。

宮島氏は「『だいまる』誌が、百貨店機関誌の枠を超えて、モダンさの点で断然「あかぬけしてい」たことは確かである」と記しており、私も橋爪氏の本で見た数点のカラー表紙の印象からして、全くその通りだと思う。私はこんな『だいまる』誌を一冊だけでも手に

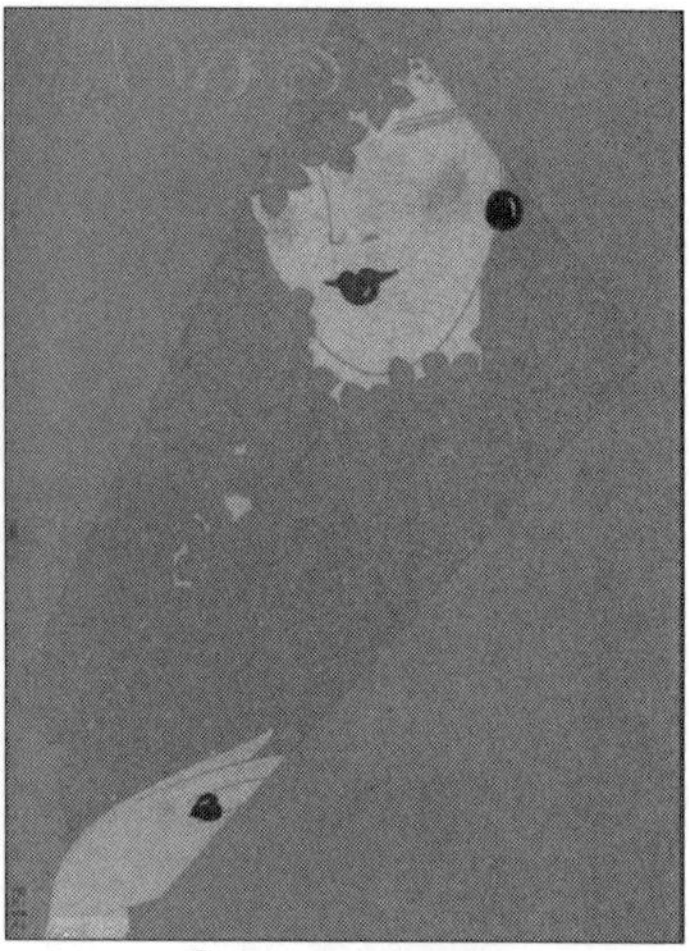

『だいまる』の表紙

入れたいものだ、と願うばかりだ。

宮島氏は、続けて、森脇氏の様々な工夫による、大丸式新聞広告のレイアウト例を多くの図版を掲げながら紹介してゆく。商品広告に線描の商品カットを様々なレイアウトでとりこんだ面白いものが多い。森脇氏はまた、栞や案内のリーフレットもデザインしており、それらが「モダン洋風図案の明るく、軽やかな感覚を持っていたことが示されている」と述べている。

また、大丸での作品以外にも、商業美術連盟展へポスター作品を出品し、一等入選したりしている。このうち、「書籍展」と銘うったポスターは本好きに好ましいものだ。氏は昭和三年に入社した柴田可寿馬とともに、戦中、戦後も大丸宣伝部で活躍したのだが、いつまで在社したかや没年は不明のようだ。それでも、これだけ沢山の森脇氏の作品を宮島氏の著作で見ることができ、幸せな気分を味わった。

私が最初に出会った『素描』の口絵木版はあとがきによると、同人誌の編輯者が依頼したものという。編輯者と個人的な交流があったのか、それとも『だいまる』などを見て、森脇氏の作品が気に入り、依頼したのか、よく分らない。森脇氏はデザインの参考に、外国雑誌をいろいろ取り寄せていたというから、語学もよくできたであろう。それゆえ『素描』で扱っている外国文学にも関心をもったのかもしれない。それにしても森脇氏も多忙な仕事の合い間に、手間のかかる木版の仕事をよく引受けたものである。

私は山名文夫の作品もとても魅力的で大好きだが、山名氏に負けず劣らず、この森脇氏の作品も大へん気に入っている。山名氏の場合は様々な作品集や展覧会図録、それに自伝『体験的デザイン史』も出ているが、森脇氏はまだ世に殆んど知られていない。宮島氏などがもっと広く紹介して下さることを期待している。

（二〇二〇年五月十日）

〔追記〕

その後の収穫についても報告しておこう（といっても一点のみなのだが）。

私の昨年出した『雑誌渉猟日録』（皓星社）でも一寸ふれているのだが、その後、大阪の「古書鎌田」――現在は東京に移転して開業中――の若い店主が出している自家目録第二号に、前述の『だいまる』九冊が、小さいが各々の表紙図版入りで出品されているのを見て、私は驚いた。どれも魅力的で、私はその一冊でも、のどから手が出る程欲しかったが、見ると一冊、一万から、美本だと二万円も付いている代物だった。私は涙をのんで、注文するのを断念した。

その未練が残っているうちに、今度は四天王寺古本祭りの目録に、「古書あじあ號」がやはり『だいまる』を二冊、図版入りで出品していたのである。値は各五千円！　私は「これは安いぞ！」と色めきたったが、よく見ると、これは本体頁が抜け、表紙の表と裏だけなのだった。「うーん、それでもこの値段とは！」と思い、散々迷って一時はあきらめたものの、やはり森脇高行のことを探求してきた身としては、一つ位は記念に持っておきたい。それにいずれ原稿に書けるかもしれないし……と思い直し、思い切って注文したのである。その折、欠点のことを一寸控えめにもらしたら、店主の方は、それでは一割位なら引きましょう、と言って下さった。私は内心、「もうひと声！」とつぶやいたが、厚かましいかと思い、それで手を打った。

入手したのは一九二七年六月号で、絵柄は森脇氏のものとしては異色の、大胆な構図の女人像。全体に薄茶色と薄緑色でその姿が描かれ、顔のまっ赤な口紅が強烈な印象を残す作品である。私は本棚の一角に大切に保管して、時々眺めては悦に入っている。

もう一点はリーフレットである。私は『だいまる』の表紙の魅力を知った頃から、各百貨店の戦前の広報誌、PR誌一般にも注目するようになった。古本展で時たま見かけるが、なかなかいい値段がついており、古本ファンに人気が高い分野らしい。とくに杉浦非水表紙画の『三越』は以前から人気がある。石神井書林の目録でも百貨店のPR誌には高評価の値段がついている。

京都大丸のリーフレット

私がわずかに入手して、格別気に入っているのが、名古屋「松坂屋」のPR誌、大判の『マツサカヤ』（昭和四年十一月号）である。京都のシルヴァン書房あたりからだったと思う。これぞ、モダニズムの粋といったデザインで、黒と薄黄を基調にした洋装の若い女性の横座りの姿が描かれている。端に少々破れがあるので、安かったと思う。

ただ、サインがなく、目次にもないので、デザイナー名は不明である。

中身も口絵が、伊東深水の「七五三のお祝ひ」と題する着物姿の母娘像を描いた素敵な絵が貼り込まれたもの。商品紹介が14頁あるが、その中に歌人、杉浦翠子のコント「指環は老ひず」も二頁載っている。今、ふと思いついたが、表紙画は翠子の夫君である非水かもしれない、などと妄想すると楽しい。『杉浦非水展』の図録も以前は持っていたのだが、今は手元になく、参照できないのが残念だ。似た絵柄があれば、非水の可能性もあるからだ。昭和四年といえば、全国的にモダニズム芸術が盛んだった時代であり、神戸でもそうだったが、「名古屋モダニズム」も近年、文学や詩（春山行夫、山中散生、斎藤光次郎ら）、写真分野などで注目されている。最近スマホで見始めた小田光雄氏の近代出版史のブログでも、時々話題に出てくる（とくに春山行夫の著作について）。これについては、亀山巌編集の『名古屋豆本』の収穫――例えば斎藤光次郎『青騎士前後』――を含め、別稿でいずれ書ければよいのだが……。

　さて、話は森脇氏に戻るが、もう一冊。いつ、どこの古本展で見つけたのか、全く憶えていないが、これも四天王寺か京都の古本祭りの際、シルヴァン書房で見つけたような気がする。それも森脇氏のことを知ってからか、偶然なのかも忘れたが、桝形に近い、少し横長の判で、『秋の研彩会』と題するリーフレットである。着物姿の婦人像とその背景にも裏表にわたって着物の花柄を配したデザインだ。髪に金色を乗せた少々華美なものである。これにも右下隅にＭＯＲＩＷＡＫＩのサインが入っていたのだ。中身が花模様をテーマにする着物、帯地、ショール、ハンドバッグなどの新作品の案内だから、それに合わせた表紙デザインである。残念ながら年度の表示はない。これは大阪でなく、京都の大丸発行のもの。同じ「大丸」だから、大阪『だいまる』の評判がよいので、京都店からも森脇氏に依頼があったのだろう。

私の森脇高行コレクションはまだ以上の三点にすぎない。これからも注意して一点でも見つけられたら、と願うばかりである。

（二〇二〇年五月十五日）

あとがき

今回また、おずおずとながら、本にまつわる貧しい収穫をまとめたエッセイ集を一冊、読者にお届けできることになった。実は、昨年、『雑誌渉猟日録』と『タイトル読本』（アンソロジー）を続けて出して以来、バーン・アウト状態になり、しばらく物を書く気力も沸かない時期が続いていたが、思いもよらぬコロナ禍が始まり、家に閉じこもることが多くなった。ある時、ふと思い立って、一篇を書き始めたところ、思いがけず次々と書くテーマが出現し、集中して執筆することができた。思うに、私の場合、書くことが元気をとり戻す要因の一つになっているようだ。エッセイ集とはいえ、すべて未発表の書下ろしである。

本書では、従来の私の本と同様、マイナーな文学者や編集者、画家も取り上げているが、それに加えて著名な作家や編集者もいろいろ登場させている（由起しげ子、埴谷雄高、吉行淳之介、坂本一亀など）。また、「南天堂喫茶部が出てくる小説を読む」では、寺島珠雄、森まゆみ、林哲夫氏などが発表した南天堂についてのすぐれた評論には出てこない、神戸雄一の小説を紹介しているので、愛着のある文章である。

さらに、「知られざる大阪のデザイナー、森脇高行との出会い」では美術史家、宮島久雄氏のユニークな先行研究から学び、参照させていただいたが、私自身のささやかな発見に至るまでの探求の旅を綴っており、私のお勧めする文章となった。

その他、私が短いながらつきあいのあった、すぐれた編集者への追悼記も二篇書いており、そこに私の自分史もいくらか含まれている。他篇では、編集者としてずっと関心を抱いているタイトルや校正の話もいろいろと盛り込んでいる。

なお、故大町糺氏や犬飼武氏についての文章は、すでに既刊本に書いた二編の「追記」とも言うべき内容なので、できれば元の文も読んで下さると有難く思う。

今回、私の読みにくい手書き原稿を活字化して下さった清水裕也君は、以前、私の私家版小冊子『古本こぼれ話』を造って下さった若き古本者で、関西の古本ファンにはよく知られている人である。清水君は最近、山本善行氏との味わい深い対談集『漱石全集を買った日』を出し、ますます評価を高めている。仕事で御多忙の中、いろいろとお世話をかけ、感謝に絶えません。なお、一篇は息子の奥様に活字化の作業をやってもらった。ありがとうございます。

また版元の論創社からはすでに『編集者の生きた空間』と『誤植文学アンソロジー』の二冊を出していただいたが、今回の私の恐る恐るの申し出にも快く応じて下さり、出版の英断を下された森下紀夫社長、担当の小田嶋源氏にも厚くお礼申し上げます。また、お世話になった詳細は、逐一、本文で述べていますので、ここではお名前はあげませんが、古本仲間の知人や研究者の方、古本屋店主さんからも、日頃の会話やお手紙を通していつも新しい情報や知的刺激をいただいています。

本書が本や古本が大好きな読書人、そして編集者や校正者、美術好きの方々などに少しでも楽しんでもらえたら、この上ない喜びです。

——八月十日　コロナ禍の夏に

高橋輝次

高橋輝次（たかはし・てるつぐ）
編集者、文筆家。1946年三重県伊勢市に生まれ、神戸で育つ。大阪外国語大学英語科卒業後、一年間協和銀行勤務。1969年に創元社に入社するも、1992年には病気のために退社し、フリーの編集者となる。古本についての編著をなす。主な著書に『古本往来』（みずのわ出版）、『古本が古本を呼ぶ』（青弓社）、『ぼくの創元社覚え書』（亀鳴屋）など。近刊に『雑誌渉猟日録 関西ふるほん探検』（皓星社）、アンソロジーに『増補版 誤植読本』（ちくま文庫）、『タイトル読本』（左右社）などがある。

古本愛好家の読書日録

2020年11月20日　初版第1刷印刷
2020年11月30日　初版第1刷発行

著　者　高橋輝次
発行者　森下紀夫
発行所　論 創 社
東京都千代田区神田神保町2-23　北井ビル
tel. 03（3264）5254　fax. 03（3264）5232　web. http://www.ronso.co.jp/
振替口座　00160-1-155266
装幀／宗利淳一
印刷・製本／中央精版印刷　組版／ロン企画
ISBN978-4-8460-2007-1